Silvis leichte Küche für alle Tage

Silvia Gasser

Silvis
leichte Küche für alle Tage

80 einfache Rezepte –
kohlenhydratarm und glutenfrei

ATHESIA VERLAG

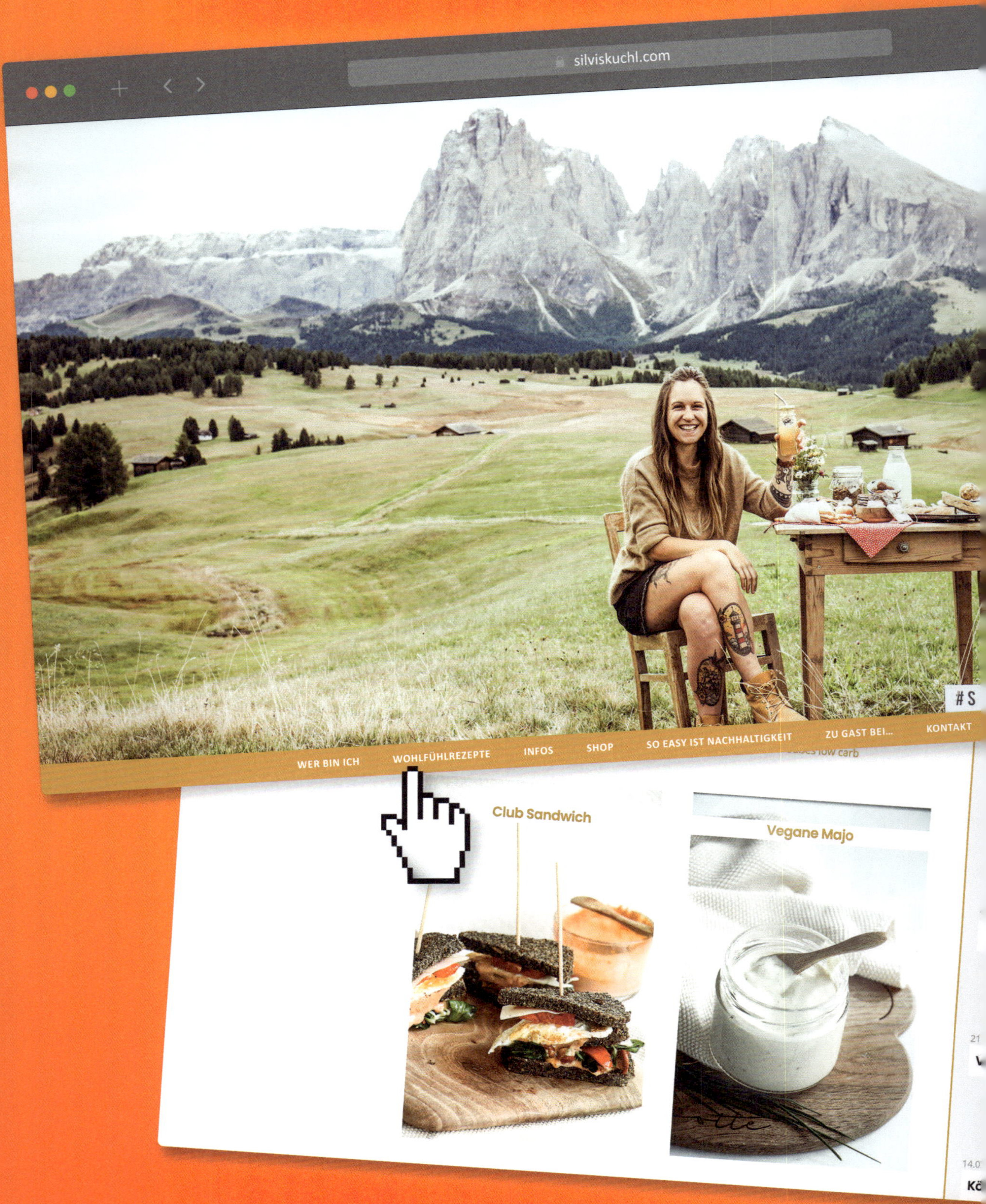

silviskuchl.com

WER BIN ICH · WOHLFÜHLREZEPTE · INFOS · SHOP · SO EASY IST NACHHALTIGKEIT · ZU GAST BEI... · KONTAKT

Ich finde es auch mega, wenn du mich auf meinem Blog **www.silviskuchl.com** besuchst.

Auf Instagram findest du mich unter **@silvi.gasser.** Es ist zum Glück voll im Trend, sich gutzutun, sich Pausen zu gönnen und den Körper zu unterstützen. Zeige dich und inspiriere so viele deiner Freunde, dasselbe zu tun.

Markiere mich und den **@athesiatappeinerverlag** gerne bei den Fotos deiner nahrhaften Wohlfühlgerichte aus meinen Büchern. Ich freue mich unendlich darüber.

Inhalt

Süßes

Brot

Aufstriche und Dips

Smoothies

Grundrezepte

Ein neues, altes Buch also ...

Im April 2022 rief mich der Verlag an und teilte mir mit, dass mein erstes Buch *Silvis Low Carb Kuchl – Genussvoll abnehmen ohne Diät* nachgedruckt werden müsse. Bereits die 4. Auflage davon sollte erscheinen, nach über 14.000 verkauften Exemplaren.

Ja, ich war wirklich stolz auf dieses Buch. Ganze 16 Wochen lag es auf Platz eins der Bestsellerliste. Es war ein Jahr harte Arbeit nötig, um alle Gerichte zu kreieren, zu fotografieren und die Texte zu tippen.

Trotzdem überkam mich ein Gefühl, das ganz klar NEIN schrie.

Ich war sehr froh, dass dieser Moment, diese Frage kam, denn bis zu diesem Zeitpunkt hatte ich mit einigen Inhalten dieses Buches schon oft kein gutes Gefühl mehr.

Für die Silvi von 2018 war es optimal. Aber mein Ich der darauffolgenden Jahre konnte sich damit nicht mehr zu 100 % identifizieren. Schon der Titel war mir mittlerweile ein Dorn im Auge.

Zu vieles sprach nur die Zielgruppe an, die abnehmen wollte. Dabei habe ich so viel Wichtigeres zu sagen und zu zeigen, nicht *nur* zum Thema Abnehmen.

Es steckt so extrem viel mehr dahinter, um zufriedener und glücklicher mit sich zu werden. Um die Welt wieder mit leuchtenden Augen betrachten zu können und von innen heraus zu strahlen. Zwar spielt die Ernährung eine extrem große Rolle, aber die Motivation, Gewicht zu verlieren, ist allein nur sehr selten der Schlüssel zum Glücklichsein.

O ja, sehr vieles hätte ich gern anders gemacht und geschrieben. Jetzt war also dieser Moment gekommen. Ich entschied mich, mein allererstes Werk, das mich zur Autorin gemacht hat, loszulassen, um daraus etwas Neues, Wunderbares zu machen: Mein drittes neues / altes Buch, das du gerade in der Hand hältst.

Das ist ein wunderbares, befreiendes Gefühl für mich.

Danke, dass du dich dafür entschieden hast. Nicht nur für mein Buch, sondern auch dafür, auf dich zu achten, dir gutzutun, höher zu schwingen – unter anderem durch eine gesunde Ernährung. Du tust das für dich, aber wir anderen profitieren davon.

Also, los, und danke dir.

Silvi

Ich bin Silvi

Ich bin 29 Jahre alt, Mama von drei wunderbaren Kids und seit vielen Jahren mit meinem wunderbaren Alex verheiratet. Das hier ist bereits mein drittes Kochbuch, und es fühlt sich immer noch komisch an, mich als Autorin zu bezeichnen. Verrückt, dieses Leben.

Beruflich ausgebildet bin ich eigentlich als Sekretärin. Das erfüllte mich nicht wirklich und ein paar Lebensumstände haben mich dann auf diesen Weg geschmissen. Ich glaube nicht an Zufälle und finde alles, was passiert, absolut spannend und lehrreich.

Ich mag es, wenn Menschen das tun, was sie lieben und sich dazu auf mehreren Ebenen Wissen aneignen. Deshalb habe ich mehrere Kurse und Lehrgänge in verschiedenen Gesundheitsbereichen besucht und mir das rausgenommen, was sich für mich stimmig angefühlt hat.

Das mache ich in meinem Leben immer so. Ich liebe es, meiner Intuition zuzuhören, denn sie bringt mich weiter als mein Kopf.

Zurück zu meiner Geschichte. Die ersten 21 Jahre meines Lebens habe ich mich nicht für gesunde Ernährung interessiert. Ich war auch nie glücklich mit mir und meinem Aussehen. Ich hatte Hautprobleme, habe mit meiner Figur bzw. dem Thema Essen gehadert und die Schuld immer im Außen gesucht. Leider war ich sehr viele Jahre lang ein Mensch, der über andere gelästert hat, nur um der Wahrheit, dem inneren Unwohlsein, nicht ins Auge blicken zu müssen, d. h., um mich nicht verändern bzw. weiterentwickeln zu müssen.

Was tun Menschen nicht alles, um sich nicht verändern zu müssen. Sie gehen den leichten Weg, damit sie die lieb gewonnene Komfortzone nicht verlassen müssen bzw. weil sie dieses falsche Gefühl von Geborgenheit nicht aufgeben wollen.

Unser erstes Kind war in jeder Hinsicht das größte Geschenk, das mir jemand hätte machen können. Ich sah ihn an und wusste: Mist, jetzt muss ich etwas machen, denn ich will nicht, dass er genauso leidet wie ich. Er hat ein besseres Vorbild verdient.

Also machte ich mich auf den Weg. Der erste und sehr wichtige Schritt war, meine Ernährung zu überdenken. Das hatte ich schon so viele Male vorher probiert. Seit dem Mittelschulalter probierte ich etliche Diäten: Suppen, Shakes, Pillen, gar nichts essen ... Natürlich absolut erfolglos. Ich kann mich noch sehr gut an meine damalige Laune erinnern: besch...

Eine Diät funktioniert nie! Glaubt wirklich jemand, dass man nur eine kurze Zeit anders essen muss, um abzunehmen, und danach für ewig schlank bleibt? Ich habe es anscheinend geglaubt oder vielmehr gehofft. Der Jojo-Effekt war das Einzige, was immer blieb.

2015 aber war alles anders. Ich hatte wirklich einen guten Grund, eine extreme Motivation, mich zu verändern. Ich wollte ein gutes Vorbild für unser Kind sein. Ich wollte glücklicher, gesünder und zufriedener werden. Also habe ich damit begonnen, meine ach so geliebte Komfortzone zu verlassen und etwas in meinem Leben zu verändern. Schön langsam und mit Geduld ließ ich mich – ohne (ausschließlichen) Diäthintergedanken – auf eine Ernährungsumstellung ein.

Ich aß abends nur noch etwas Leichtes, also keine Kohlenhydrate. Zum ersten Mal in meinem Leben habe ich täglich Gemüse gegessen und gemerkt, dass das nicht mal so schlecht schmeckt.

Zudem achtete ich darauf, untertags langkettige Kohlenhydrate einzubauen, genügend zu trinken und achtsamer zu essen!

Nach kurzer Zeit konnte ich schon eine deutliche Veränderung sehen. Das motivierte mich natürlich zum Weitermachen.

Auf diese Weise hatte ich nach etwa sieben Monaten 20 kg abgenommen und fühlte mich anfangs so wohl in meinem Körper wie nie zuvor. (Im Nachhinein betrachtet habe ich viel zu schnell abgenommen, langsamer wäre natürlich viel gesünder gewesen.)

Nach diesem Erfolg gründete ich eine Facebook-Gruppe, um allen zu zeigen, wie unglaublich einfach das Abnehmen durch gesunde Ernährung sein kann, dass man dafür keine überteuerten Wundermittel braucht und auch nicht hungern muss.

Die Gruppe wuchs langsam, und ich fing nach etwa eineinhalb Jahren an, Kochkurse anzubieten, um die leichten Rezepte weiterzugeben, die ich mittlerweile kreiert hatte. Im Februar 2017 entstand dann mein Blog *Silvis Kuchl* und ich machte mich als erste offiziell eingetragene Südtiroler Bloggerin selbstständig. Zwei Jahre lang – bis zum Ende meiner zweiten Schwangerschaft – tourte ich mit meinen Kochkursen durch ganz Südtirol.

Das GESUNDE Abnehmen war für mich aber nicht von Anfang an ein Thema. Wie viele andere auch wollte ich einfach nur irgendwie Gewicht verlieren – am besten so schnell wie möglich. Allerdings wurde mir mit der Zeit klar, dass ich mit dieser Einstellung doch kein gutes Vorbild für meine Kinder bin. Ich wollte nicht, dass sie sich diese ungesunde Haltung zum Essen von mir abschauen. Deshalb habe ich meine Ernährung nach und nach immer weiter auf GESUND umgestellt. Ich habe sehr viele Dinge hinterfragt und den für mich richtigen Weg gefunden, einen, mit dem es meinem Körper offensichtlich am besten geht.

Mein Leben hat sich seit 2015 extrem verändert. Ich habe mich nicht nur äußerlich, sondern vor allem innerlich verwandelt. Mir geht es bei meiner Arbeit schon lange nicht mehr *nur* um gesunde Ernährung. Denn Glück und Zufriedenheit bestehen aus viel mehr Faktoren. Nur durch eine Gewichtsabnahme oder eine allgemeine Ernährungsumstellung wird man nicht dauerhaft zufrieden.

Der Umgang mit anderen Menschen, mit der Erde, Selbstreflexion, Bewegung, Achtsamkeit, Dankbarkeit, die eigene Spiritualität ... – das alles lässt uns höher oder tiefer schwingen, je nachdem, wie wir es einsetzen. Die Ernährung spielt dabei natürlich eine wesentliche Rolle. Ich sage immer: Die Ernährung ist der Türöffner. Welche Tür sie öffnet, das entscheidest du.

Das alles klingt nach viel Arbeit und einem harten Weg. Je nachdem, wo du dich gerade in deinem Leben und mit dir befindest, kann es das auch werden. Die Komfortzone zu verlassen und innerlich tiefer zu graben, sich so viel besser kennenzulernen, das ist alles andere als einfach. Es nagt, es wird dich teilweise fordern. Aber ich glaube, du liest dies nicht, um es dir leicht zu machen, sondern weil du so vieles lernen und ein noch erfüllteres Leben willst. Wenn du beginnst, achtsam zu leben, und diese Glücksgefühle spürst, wirst du verstehen, was ich meine.

Also, los, auf was wartest du noch! Du hast dieses Buch aus gutem Grund gekauft und ich freue mich sehr darüber.

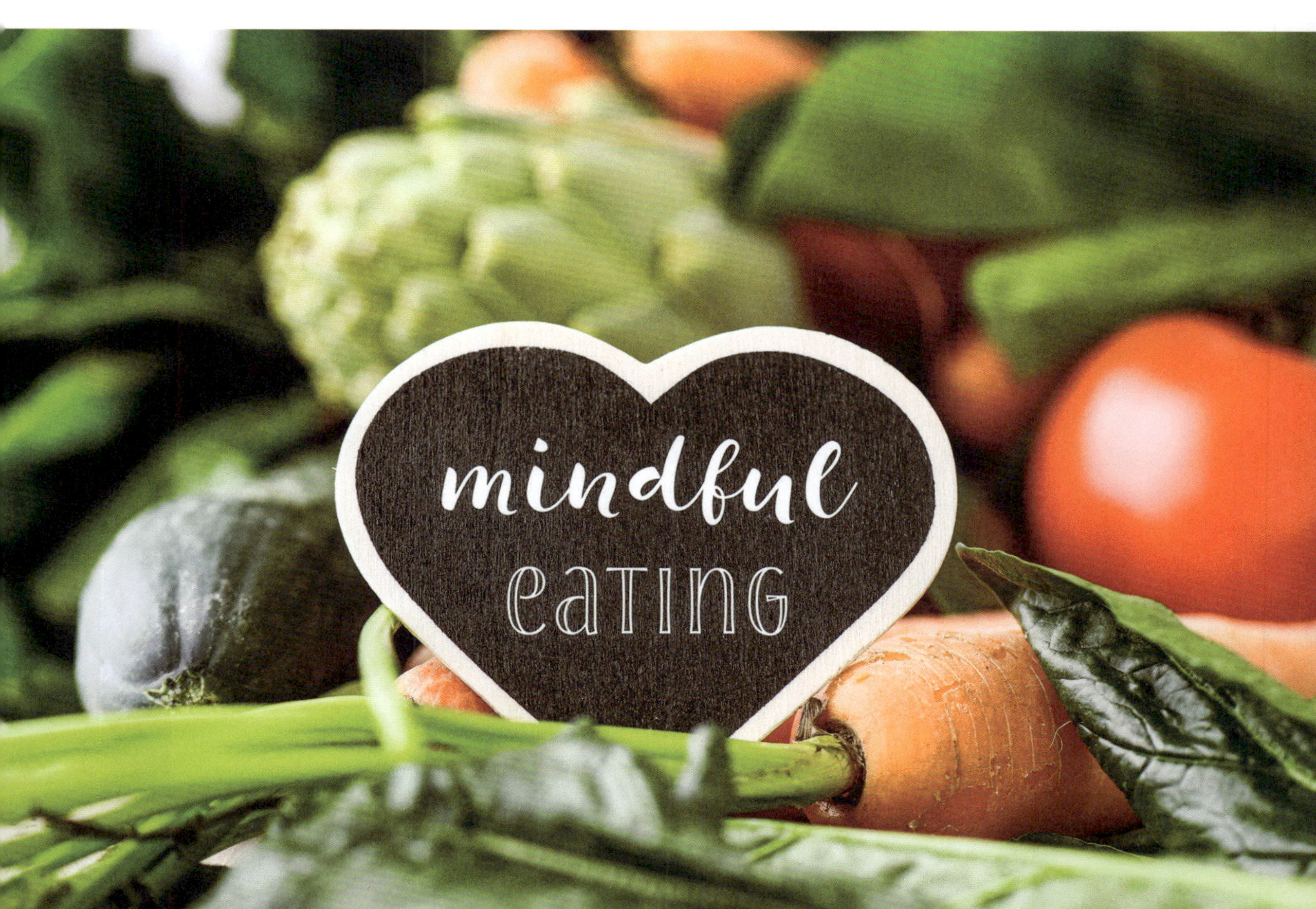

Gesund essen kann mehr ...!

Warum sollte man überhaupt etwas ändern und wann ist der richtige Zeitpunkt dafür?

Die Frage stellen sich viele, wenn sie noch nicht bereit sind für eine wirkliche Veränderung. Sie suchen jahrelang nach Gründen, um sich nicht weiterentwickeln zu müssen. Denn eigentlich liegt es ja auf der Hand, weshalb man gut zu sich sein sollte.

Durch einen unvorteilhaften Lebensstil war ich zwei Drittel meines Lebens – besonders nach dem Essen – immer müde, träge, antriebslos ... und das zog sich dann oft durch den restlichen Tag. Ich hatte keine Power, war unzufrieden und oft gelangweilt vom Leben, so ohne Energie. Das war sehr lange mein Dauerzustand, ich kannte nichts anderes, und habe ihn nie hinterfragt. Durch die Umstellung meiner Ernährung vor sieben, acht Jahren habe ich erst erfahren, wie kraftvoll das Leben sein kann. Was alles möglich ist: körperlich und geistig. Das alles hängt mit deiner täglichen Ernährung zusammen. Mit den Dingen, die du Geist und Körper gibst: Achtsamkeit, Bewegung / Antrieb, gesunde Lebensmittel, Ruhe, Entspannung, gute Gesellschaft ... oder zu viel Medienkonsum, eine Arbeit, die du hasst, zu viele Bildschirme, ungesunde Lebensmittel, keine Entspannung usw.

Ja, es gehört so vieles dazu, wenn man die Lebensenergie wieder richtig erleben und das komplette Leben von ganzem Herzen fühlen will. Die Ernährung ist nur ein Teil, aber ein sehr wichtiger.

Es gibt unzählige und oft beworbene Arten sich *richtig* zu ernähren. Doch wir vergessen dabei gerne, auf unseren Körper zu hören, darauf, was ihm guttut und was weniger.

Um die eigene Lebenskraft wieder zu spüren, gibt es eine Sache, die wir endlich wieder in unser Leben integrieren sollten: Achtsamkeit. Achtsamkeit beim Essen, beim Trinken, beim Bewegen, in der Natur, mit den Menschen um uns herum, aber vor allem mit uns selbst und dem einzigartigen, wundervollen Körper, den jede und jeder von uns hat.

In dieser schnelllebigen Zeit, in der viele nur noch damit beschäftigt sind, in Bildschirme zu schauen und Ablenkung im Außen zu suchen, finde ich es umso wichtiger, endlich aus diesem Teufelskreis auszubrechen. Wieder zu fühlen, wie es ist, alleine zu sein, ja, sich vielleicht sogar mal zu langweilen. Den Körper zu bewegen, ihn richtig ins Schwitzen zu bringen und auszupowern.

Zu erahnen, wie es ist, einfach mal nur dazusitzen und nichts zu tun – die Welt zu beobachten oder die Augen zu schließen und einfach nur zu sein. Einfach mal die nächste Blume von Nahem zu betrachten, den Regen auf der Haut zu spüren, den Boden barfuß wahrzunehmen. Kurzum: das Leben wieder reinzulassen und zu spüren.

Das können die allermeisten von uns nicht mehr. Sie kompensieren den äußeren Stress, den Druck und die Hektik mit unvorteilhaften Verhaltensmustern. Essen ist dabei eines der einfachsten Mittel, um sich kurze Glücksgefühle zu verschaffen. Kleine Auszeiten.

Möchtest du das für dich? Wie fühlt sich dein Leben an?

Vielleicht entspannt, vielleicht voller Glück und innerer Zufriedenheit. Vielleicht ist aber auch das Gegenteil der Fall. Ich glaube nicht an Zufälle und bin überzeugt, dass es einen guten Grund gibt, weshalb du diese Zeilen liest.

Gönn dir Ruhepausen – Bildschirmpausen, auch eine Pause von anderen Menschen –, wann immer es sich für dich stimmig anfühlt. Wenn du phasenweise keine Kontrolle mehr über dein Verhalten hast und es dich blockiert oder stört, dann handele. Voraussetzung ist natürlich, dass du achtsam bist, um das überhaupt zu erkennen. Im Idealfall noch bevor dein Körper dir Warnsignale sendet, zum Beispiel bestimmte Symptome und Krankheiten.

Du tust damit nicht nur dir gut, sondern uns allen, heilst diese Welt von Tag zu Tag ein Stück mehr.

Damit erübrigt sich auch diese Frage: **Wann ist der richtige Zeitpunkt für so eine Lebensumstellung?**

Du wirst diesen Zeitpunkt nie finden, wenn du nicht willst. Du wirst nämlich immer und immer wieder Ausreden und Ablenkungen im Außen finden, die dich nicht damit beginnen lassen. Sie werden immer da sein. Immer, dein ganzes Leben lang. Also erkenne, wenn du dich wieder selbst sabotierst und komme ins Tun. Ignoriere deine sabotierenden Gedanken und fang an. Jetzt. Genau zu diesem Zeitpunkt. Wie du damit beginnen kannst, kannst du auf den nächsten Seiten nachlesen.

Jeder Zeitpunkt ist richtig, um sich gutzutun: Wenn du gesund bist, wenn du krank bist, wenn du schwanger bist, wenn du stillst, wenn du dich gut fühlst, wenn du dich nicht gut fühlst ...!

Mit der Ernährung hängt alles zusammen

Deine Ernährung beeinflusst deine Gesundheit, deine Laune, deine Ausstrahlung, deinen Körper, deine innere Zufriedenheit und Ausgeglichenheit, deinen Schlaf, deine spirituelle und gedankliche Wahrnehmungskraft, deine Gefühle und somit dein Verhalten. Dies sind nur einige Aspekte. Ich habe bei Weitem nicht alles aufgelistet. Die Art, wie wir uns ernähren, beeinflusst unser gesamtes äußeres und inneres Leben, unsere Lebenskraft: „Gsund essn konn mehr ..." („Gesund zu essen kann mehr ...")

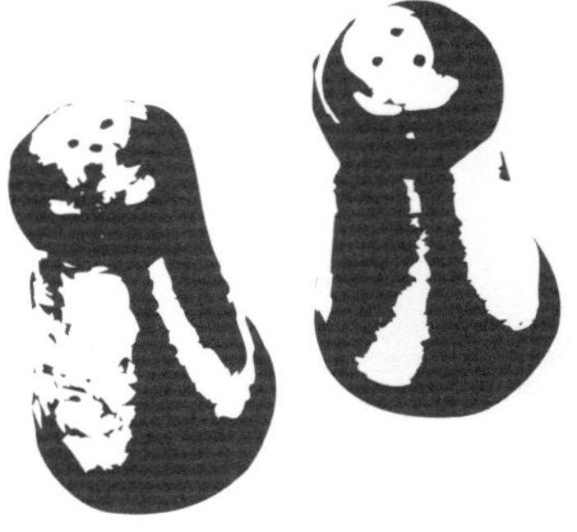

Suche nicht länger nach Ausreden, es nicht zu tun. Du wirst es lieben, diesen Weg zu gehen.

Beim Thema Ernährung werde ich immer wieder gefragt, was ich eigentlich vom Intervallfasten halte. Das Thema Fasten beschäftigt mich schon seit längerer Zeit. Ich faste sehr oft abends, also von Mittag bis zum nächsten Morgen. Es gibt bei mir auch längere Fastenphasen, die ein paar Tage dauern. Dabei trinke ich ausreichend Wasser und eventuell einmal am Tag einen Bulletproof-Coffee (Kaffee mit Kokos- und MCT-Öl). So eine längere Fastenkur finde ich ein- bis zweimal im Jahr megatoll. **Als Reinigung von Körper und Geist.** Ich faste immer dann, wenn ich spüre, dass mein Körper danach verlangt.

Früher habe ich dieses Thema stark verdrängt und in eine dunkle Ecke geschoben. Ich habe mir eingeredet, dass so etwas nicht gesund sein kann und man immer ausreichend essen müsse. Ein gutes Beispiel dafür, wie man getriggert werden kann, wenn man seine Komfortzone nicht verlassen möchte. Ich bin dankbar, diesen alten Glaubenssatz hinter mich gelassen und das Fasten ausprobiert zu haben. Dieses Gefühl – dieser energetische und körperliche Fokus –, das man dabei erlebt, ist unbeschreiblich.

Die meisten von uns essen aus Gewohnheit. Sehr viele kennen kein Hungergefühl mehr und essen einfach nach Zeitplan und Portionen, die da sind.

Leichte, gesunde Rezepte, wie ich sie dir in meinen Büchern gebe, und Fasten(-kuren) sind eine optimale Kombination für Körper und Geist.

ABER: Fasten sollte unbedingt aus einer bestimmten Motivation heraus praktiziert werden. Um den Körper gesundheitlich zu unterstützen und den Zellen Zeit zu geben, sich zu regenerieren. Das ist unglaublich wichtig. Denn wenn man nur fastet, um abzunehmen, dann ist das Fasten einfach nur eine schöne Umschreibung für das Hungern. Hungern tut niemandem gut, weil es extrem schlechte Laune macht. Man bringt sich, mit der Hoffnung an Gewicht zu verlieren, auf eine niedrige Frequenz. Wir wollen auf diese Weise abnehmen, aber immer mit dem Hintergedanken, irgendwann wieder wie gewohnt zu essen. Wobei das Gewicht dann trotzdem unten bleiben soll.

Wenn man um der Gesundheit willen fastet, dann fühlt sich das toll an. Man weiß in der Phase des Nichtessens, was man gerade für sich tut, und hadert nicht innerlich damit. Natürlich kann es dennoch sein, dass man an Gewicht verliert, das wäre für die meisten der positive Nebeneffekt. Allerdings kommt es dabei stark darauf an, was man in der übrigen Zeit isst – vorher und nachher. Denn auch wenn man fastet, kommt man nicht darum herum, in der restlichen Zeit gesunde Lebensmittel zu sich zu nehmen. Alles andere wäre extrem sinnlos.

Kurz und knapp: Mit der richtigen Motivation ist das Fasten für unseren Körper Gold wert.

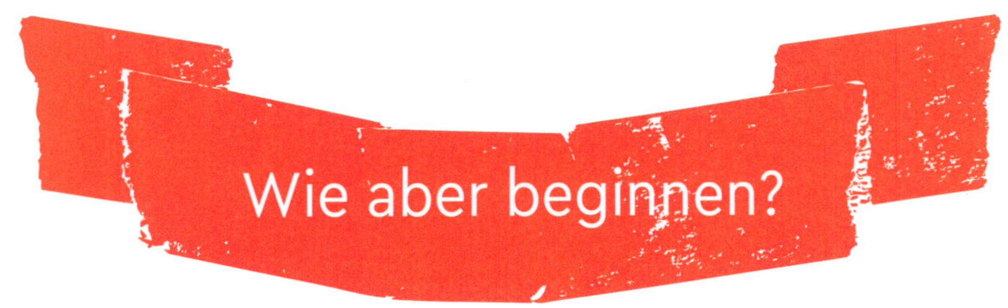

Wie aber beginnen?

Wie oft hast du bereits versucht, deine Ernährung umzustellen?

Ich habe es unzählige Male versucht, bis 2015. Warum? Weil ich immer die falsche Motivation hatte, weil ich meinem Körper nicht guttun wollte, sondern einfach nur abnehmen. Ich habe ihn als **meinen Feind** gesehen. Mein Körper zeigte mir genau auf, wie ich mich innerlich fühlte, und das wollte ich nicht einsehen.

Unser Körper ist ein solches Wunder und Geschenk. Er arbeitet ständig für uns. Alles, was wir tun müssten, ist, auf ihn zu hören, wenn er mit uns kommuniziert. Unreine Haut, Krankheiten oder andere Symptome sind Zeichen dafür, dass wir zur Ruhe kommen und in uns fühlen sollen, was gerade nicht stimmig ist – sowohl innerlich als auch äußerlich. Schon mit diesem Bewusstsein kannst du in deinem Leben sehr viel zum Positiven verändern.

Komm schon, absolut JEDE und JEDER von uns weiß, was zu tun wäre, um gesünder zu leben, fitter zu werden und natürlich auch abzunehmen. Aber wenn uns die richtige Motivation dazu fehlt, dann kann es auf Dauer nicht klappen. Oder es klappt und erfüllt dich nicht. Denn du findest dann einen anderen Umstand in deinem Leben, an dem du dich ablenken und manipulieren kannst. Bei extrem vielen von uns ist das Essverhalten aber das einfachste Tool dazu.

Ich frage dich also: WARUM willst du deine Ernährung umstellen? Was erhoffst du dir dadurch und was würde sich für dich zum Positiven verändern? Geht es wirklich um DICH oder um andere Menschen? Geht es darum, jemandem gerecht zu werden oder etwas zu beweisen?

Reflektiere gerne darüber und werde dir bewusst, wofür du dich auf einen womöglich harten Weg begibst. Wenn du es zu oberflächlich betrachtest, ist die Gefahr einfach zu groß, bald wieder aufzugeben.

Sei es dir wert, innerlich zu wachsen und dein Äußeres dadurch strahlen zu lassen.

Es gibt so viele Arten, sich zu ernähren. Jede und jeder schwört dabei auf etwas anderes. Ich sage dir, es gibt nicht die RICHTIGE Ernährung. Denn bei dem einen können vermeintlich gesunde Lebensmittel etwas anderes bewirken als bei dem anderen. Auch hier ist es wieder sehr wichtig, auf den eigenen Körper zu hören, um ihn immer besser kennenzulernen.

Sobald du die Ernährungsweise, die Lebensmittel gefunden hast, die zu dir passen, hast du das Wichtigste bereits geschafft. Jetzt heißt es: dranbleiben und ständig weiterreflektieren.

Vielleicht fragst du dich, warum ich bei vielen meiner Rezepte – und vor allem bei denen in diesem Buch – auf glutenfrei, kohlenhydratreduziert, vegetarisch / vegan setze. Für sehr viele klingt diese Kombination wahnsinnig kompliziert und so, als ob die Gerichte auf keinen Fall schmecken würden. Lass es mich erklären. Fast alle von uns essen viel zu viele Kohlenhydrate, nehmen zu viel Gluten zu sich, essen viel zu viel tierische Produkte usw. Die Folge ist eine Überlastung unseres Körpers, was sich früher oder später durch Symptome und Krankheiten äußert. Es passiert auch immer öfter, dass Menschen bestimmte Lebensmittel gar nicht mehr vertragen. Ihr Körper reagiert mehr oder weniger stark darauf. Wir sind es fast alle gewohnt, morgens bereits mit Brot und süßem Aufstrich – oder sogar Aufschnitt – in den Tag zu starten. Später snacken wir gerne etwas Süßes, mittags gibts dann Reis oder Nudeln, am Nachmittag wird salzig oder süß gesnackt, und abends geht der Tag mit Nudeln, Pizza, Omelett und Co. zu Ende. Oder vor dem Fernseher wird noch mal gesnackt. Abgesehen davon, dass sehr viele Menschen mehr Essen zu sich nehmen, als guttut, setzen wir immer und ständig auf Gluten, Kohlenhydrate, Milchprodukte und Fleisch. Du kannst deinem Körper nichts Besseres tun, als ihm immer wieder einmal Pausen von diesen Lebensmitteln zu schenken. Wirklich. Du wirst dadurch ein ganz neues Körpergefühl bekommen und spüren, wie viel mehr in dir steckt!

Wie also loslegen?

Ganz wichtig: Nimm dir Zeit!

Stell deine Ernährung nicht von einem auf den anderen Tag komplett um, sondern geh die Sache langsam an.

Am Anfang ist man immer sehr motiviert, will alles richtig machen und denkt, man brauche die ganzen gewohnten Lebensmittel nicht mehr. Da trinkt man den Kaffee plötzlich ungezuckert und tauscht den süßen Saft sofort gegen Wasser. Das geht einige Tage gut, aber dann kommt meistens der Zeitpunkt, an dem man die alten Gewohnheiten sehr vermisst. Man vergisst seine Motivation und ist vielleicht frustriert, weil man seine geliebte Nutella nicht mehr essen *darf* und einem der Haferbrei jeden Morgen zum Hals raushängt. Zudem hat man nach erfolgreichen drei Tagen noch kein Gramm abgenommen – falls das passiert, bitte ich dich, unbedingt noch mal die Motivation *abnehmen* zu überdenken, denn die ist grottenschlecht – und dann fällt der Satz der Sätze: „Das bringt doch sowieso alles nix, ich lass es."

Genau das möchte ich dir ersparen.

Amarant

- **Stell deine Ernährung ganz langsam um**
  Lass die unvorteilhaften Lebensmittel (Zucker usw.) nicht von heute auf morgen ganz weg, sondern reduziere sie anfangs einfach langsam. Mit der Zeit kannst du immer ein bisschen mehr weglassen. Aber stress dich dabei nicht zu sehr. Setze dir von Woche zu Woche neue Ziele.
- **Trink mehr Wasser**
  Genügend zu trinken, ist nicht nur gesund, sondern wichtig für deinen Körper. Wenn es dir schwerfällt, Wasser zu trinken, dann mach dir zur Abwechslung ein Basenwasser oder trinke Kräutertees.
- **Steig untertags auf Vollkorn um**
  Ersetze das Weizenmehl untertags durch Dinkel- oder sogar Dinkelvollkornmehl. Vielleicht findest du im nächsten Bioladen oder beim Bauern sogar Urkorn, das du dir selbst mahlen kannst. Steig auch bei Nudeln und Co. auf die weizenfreien Varianten um und baue mehr Getreide und Hülsenfrüchte wie Amarant, Hirse, Quinoa, Vollkornpolenta, Linsen, Kichererbsen in deinen Speiseplan ein (siehe mein Kochbuch *Silvis Wohlfühlküche*).
- **Iss abends etwas Leichtes**
  Am Abend auf leichtere, glutenfreie Gerichte umzusteigen, hat sehr viele Vorteile für die körperliche und geistige Gesundheit. Darum habe ich dieses Kochbuch geschrieben. Es enthält Rezepte, die vor allem abends ideal sind. Natürlich sind sie auch für den Rest des Tages absolut zu empfehlen.
- **Iss, wenn du Hunger hast**
  Sehr viele von uns essen aus den verschiedensten Gründen, Emotionen oder Gewohnheiten. Das Interessante ist, sich zu beobachten und herauszufinden, was

Hunger bedeutet. Viele von uns kennen gar kein richtiges Hungergefühl mehr und essen drauflos, obwohl sie gar keinen Hunger haben, sondern weil gerade Essenszeit ist.

- **Iss langsam und nur, bis du satt bist**
  Du kannst dir angewöhnen, dein Essenstempo zu verringern. Leg während des Essens einfach mal die Gabel beiseite und lass dir Zeit. So lernst du dein Hungergefühl wieder kennen. Du merkst dann, wann du satt bist, und isst nicht mehr über deinen Hunger hinaus. Fang an, jeden Bissen zwanzig Mal zu kauen – das kann für viele schon eine echte Herausforderung sein.
- **Leg Cheatdays ein**
  Das Thema Cheatday bespreche ich im nächsten Kapitel ausführlich. Lies es dir aufmerksam durch.
- **Schmeiß die Waage weg**
  Wenn du die Waage öfter benutzt, bedeutet das, dass du noch immer einen inneren Kampf mit deinem Körper führst. Dass du noch immer zu sehr abnehmen möchtest und dich die anderen positiven Eigenschaften eines gesunden Lebensstils zu wenig überzeugen. In diesem Fall solltest du unbedingt deine Gedankenmuster überdenken. Dein Körper verdient so viel mehr als schnellen Gewichtsverlust. Er braucht dich. Falls du den Drang hast auf die Waage zu steigen, möchte ich dir sagen, dass du der Zahl, die sie anzeigt, nie vertrauen kannst. Sie kann so leicht verfälscht werden und dich in ein tiefes Loch ohne Boden reißen.

Mein wichtigster Tipp

Sei nicht zu streng mit dir! Wenn es an einem oder auch an mehreren Tagen nicht so klappt, wie du es dir wünschst, dann gib nicht auf! Sobald du merkst, dass dein Tag essenstechnisch gesehen nicht so gut lief, atme tief durch und beginne in diesem Moment wieder von Neuem. Denke nicht weiter: „Heute ist es eh schon, wie es ist, jetzt kann ich die Schokolade auch noch essen." Es ist nie eh schon, wie es ist. Alles, was du zu dir nimmst, wird Teil von dir und zählt mit. Warte nicht auf den nächsten Tag, auf den Montag, auf den Ersten eines Monats oder auf das neue Jahr. Fang JETZT an, dir gutzutun, du wirst später so froh darüber sein. Überdenke ständig deine Verhaltensmuster, wenn du unbewusst zu weniger idealen Lebensmitteln greifst oder aufgeben willst. Erwische dich immer öfter dabei und lerne so auszubrechen.

Cheatday – der Schummeltag

Darf ich dann nie mehr Süßes oder Deftiges essen?

Von Anfang an habe ich bei meiner Ernährungsumstellung einmal in der Woche einen sogenannten Cheatday gemacht.

Einmal in der Woche habe ich mich mit Ungesundem vollgestopft. Ich hatte das Gefühl, alles nachholen zu müssen, was ich die ganze Woche über verpasst hatte. Ich habe viel zu viel und immer auch zwischen den Mahlzeiten gegessen. Abgenommen habe ich trotzdem, aber rückblickend ist **das eines der besten Beispiele, was passiert, wenn man sich und sein Verhalten nicht reflektiert und seine Gewohnheiten nur oberflächlich betrachtet.**

Ich habe Essen jahrelang mit Bequemlichkeit, Geborgenheit und Sicherheit verknüpft. Wenn ich dieses leckere ungesunde Zeug gegessen habe, war ich zufrieden. Abgelenkt von meinem Leben und meinem versteckten Potenzial. Ich habe mich sozusagen innerlich mit guten Gefühlen gefüllt, weil ich zu feige war zu erkennen, was wirklich dahintersteckt.

Mit den Jahren und sehr viel innerer Arbeit hat sich dieser eine Tag in der Woche inzwischen sehr verändert.

Ich esse nicht mehr unkontrolliert und vor allem nicht gezielt ungesunde Sachen. Ich habe verstanden, dass ich mir keine guten Gefühle anfressen muss und dass alles, was ich zu mir nehme, eine Auswirkung auf mich hat. Im Positiven wie im Negativen.

Nachdem ich das realisiert hatte, konnte ich damit beginnen, meine Gedanken und mein Essverhalten wirklich positiv zu gestalten. Ich brauche dieses ganze Zeug nicht mehr.

Also wirklich nichts Süßes mehr?

Was das Essen anbelangt, ist der Sonntag in unserer Familie immer noch ein etwas anderer Tag. Unsere Frühstückstradition ist momentan Kamut-Toast oder selbst gemachte Piadina, und wenn wir am Wochenende mal irgendwo essen gehen oder auf der Alm unterwegs sind, dann achten wir nicht pingelig darauf, wie gesund etwas ist. (Bei uns in Südtirol ist das leider auch nicht immer so einfach.)

Wir essen das, was uns schmeckt und gerne auch mal Nachtisch. Manchmal auch nicht.

Wenn man alles bewusst angeht, dann finde ich das nicht schlimm. Also nein, du musst nicht dein Leben lang auf Süßes oder andere ungesunde Lebensmittel verzichten. **Du wirst**

aber, wenn du anfängst, dein Verhalten zu reflektieren, und verstehst, woher deine Gedanken wirklich kommen, nicht mehr den Drang haben, sie ständig zu essen.

In diesem Buch, aber auch in meinem anderen Buch sind sehr viele gesunde Rezepte für Naschereien. Sie sind viel bekömmlicher und wohltuender als *normale* Süßigkeiten. Vor allem sind sie ohne lästige Plastikverpackung.

Du wirst diese Dinge mit der Zeit vielleicht auch gar nicht mal mehr so oft essen, auch wenn sie megalecker und gesund sind, weil du dir dieses Gefühl von Sicherheit und Glück aus anderen Dingen im Alltag holst. Für Kinder oder als Mitbringsel finde ich diese Naschereien immer super.

Warum dieser Tag?

Wenn du noch ganz am Anfang deiner Ernährungsumstellung und deiner Selbstreflexion stehst, dann rate ich dir aber dennoch, diesen Schummeltag einzubauen. Er kann dir helfen, am Ball zu bleiben. Viele Menschen wollen eine Veränderung, schaffen es aber einfach nicht, ihre Komfortzone dauerhaft zu verlassen. Einige kleine Tricks können dabei helfen.

Du kannst dich die restlichen Tage viel besser in deine neue Ernährung finden, wenn du weißt, dass du an einem Tag auch wieder etwas nicht so Ideales essen kannst.

Wir Menschen sind Gewohnheitstiere und die wenigsten können sich schnell und dauerhaft positiv verändern. Also gib dir Zeit. Stell deine Ernährung wirklich langsam um und sei gut zu dir.

Nutze das allerdings nicht als Ausrede, um am Ende wieder aufzugeben und zurück in alte Muster zu verfallen. Sei achtsam, denn wir alle sind super gut darin, uns selbst zu sabotieren.

Mir geht es darum, Menschen wieder aufzuzeigen, wo Gefühle herkommen und wie man negative Verhaltensmuster endlich durchbrechen kann. Ich möchte, dass wir Menschen unseren Körper wieder kennenlernen, die eigene Intuition wahrnehmen und uns selbst zuhören.

Deshalb habe ich vor einer Weile mein Onlineprogramm *inner healing* entwickelt.

Mehreren Hundert Menschen durfte ich dabei helfen, innerlich wieder tiefer zu blicken und sich selbst zu reflektieren. Anfangs ging es bei diesem Programm, wie in der ersten Version dieses Buches hier, ums gesunde Abnehmen. Heute geht es zum Glück um so viel mehr. Wenn es dich interessiert, schau doch einfach mal auf meinem Blog vorbei ...

Alles veggie!

Warum plötzlich kein Fleisch mehr und warum so viel veganes Zeugs?

In der ersten Version dieses Buches, das 2018 auf den Markt gekommen ist, gab es Fleisch- und Fischgerichte. Ich habe damals geschrieben, dass ich es sehr sinnvoll finde, nicht immer und ständig auf tierische Lebensmittel zurückzugreifen – der Gesundheit und der Umwelt wegen.

Auch damals schon ersetzte ich solche Lebensmittel gerne durch pflanzliche Alternativen.

Inzwischen habe ich eine krasse innere Wandlung hinter mir und sehr viele Gewohnheiten und Verhaltensmuster reflektiert und verändert. Ich denke, die einzige Konstante in unserem Leben ist wirklich die Veränderung. Und mittlerweile liebe ich das sogar sehr.

Seit 2019 esse ich selbst kein Fleisch mehr. Der Entschluss kam extrem spontan, nachdem ich Bücher zum Thema gelesen, Interviews von Experten gehört und Dokus darüber angeschaut hatte. Ich verspürte nach und nach intuitiv den extremen Drang, kein Fleisch mehr zu essen. Es fühlte sich alles andere als stimmig an, weiterhin Fleisch und Fisch zu essen. Die Umstellung oder der Verzicht war alles andere als schwierig. Ich hatte es innerlich für mich entschieden und meine richtige Motivation dahinter entdeckt.

Heute, mehr als drei Jahre später, bin ich mir meiner damaligen Entscheidung noch sicherer. Ich freue mich über jedes Gericht, das ohne Fleisch, Fisch oder tierische Lebensmittel zubereitet ist. Es fühlt sich für mich so richtig und gut an, dass dabei tiefe Glücksgefühle in mir aufkommen. Gefühle der Dankbarkeit für meine Entscheidung und meinen Weg. Es geht mir körperlich seither extrem gut. Meine Blutwerte sind so gut wie nie zuvor, ich bin fitter denn je und energetisch hat sich in mir auch so viel gewandelt. In meinem zweiten Kochbuch *Silvis Wohlfühlküche* habe ich beschrieben, wie das Ganze aus energetischer Sicht ist. Wir essen mit den tierischen Produkten auch immer ihre Schwingungen mit und bringen uns so auf eine niedere Frequenz, die uns negativ fühlen und denken lässt. Die weitere Folge ist Unzufriedenheit, die sich zu noch negativeren Verhaltens- und Gedankenmustern ausweiten kann.

Meine Sicht auf und Verbindung mit den Lebewesen dieser Erde hat sich mit meiner Entscheidung ebenfalls sehr verändert. Die Wertschätzung, die Verbundenheit und das Mitgefühl ist sehr viel präsenter. Auch wenn das für dich wahnsinnig kitschig klingen mag, ist es etwas, was mich sehr erfüllt.

Aber wie schon gesagt, über das Thema Fleischessen, Schwingungen und Gefühle habe ich in meinem zweiten Kochbuch ausführlicher geschrieben. Deshalb möchte ich mich hier kürzer fassen.

Ich liebe es, vegetarische und vegane Rezept zu kreieren, zu genießen und unter die Menschen zu bringen. Milchprodukte kommen bei mir ebenfalls sehr selten auf den Tisch, einfach weil sie unserer Gesundheit keinen Gefallen tun. Du kannst meine Haltung annehmen oder nicht, ganz wie du möchtest. Für mich ist es nicht relevant, wie du mit tierischen Produkten umgehst. Ich möchte dich nicht missionieren, sondern einfach nur dazu einladen, es selbst auszuprobieren und zu schauen, welchen Unterschied du an deinem Körper wahrnimmst. Du wirst einen Unterschied erkennen. Wenn du nicht zum Verzicht bereit bist, dann mach es einfach nicht. Es ist alleine deine Entscheidung.

Für mich ist es kein Problem, wenn jemand nicht so denkt wie ich. Ich habe nie einen inneren Konflikt mit dem Verzicht auszutragen gehabt, weil mir immer bewusst war und ist, dass ich nur für meine Taten verantwortlich bin und nicht für die der anderen.

Das, was ich hier schreibe, meint nicht, dass du nie wieder tierische Lebensmittel essen sollst / kannst oder darfst. Ich selbst lebe auch nicht ausschließlich vegan. Es geht sehr stark um die Menge – wie bei allen anderen Dingen auch. Dein Körper sagt dir, was dir guttut und wie viel du davon essen kannst. Du musst ihm nur zuhören, das heißt auf die Signale achten, die er dir sendet.

Alles, was ich tun kann, um diese Welt etwas schöner, besser oder gesünder zu machen, ist, so zu handeln, wie ich es mir von anderen wünschen würde, das vorzuleben und eventuell andere mit meiner Haltung anzustecken. Ich kann dir Rezepte zeigen, die dich innerlich höher schwingen lassen, die dir viel schenken können. Was du daraus machst, habe ich nicht in der Hand. Und das ist okay.

Eine Umstellung des Essverhaltens ist eine große Sache. Sie kann unser ganzes Leben auf den Kopf stellen. Im positiven wie negativen Sinn – je nachdem, für welche Lebensmittel du dich entscheidest.

Spüre in dich hinein und lerne, was dir guttut, was dich wirklich nährt und erfüllt.

Diese Achtsamkeit ist ein Prozess ... Sie lohnt sich aber – sogar sehr.

Haselnüsse

Mehlhilfe

Es gibt mittlerweile sehr viele gesunde glutenfreie und leichtere Mehle für unseren Körper.

Allerdings ist es am Anfang gar nicht so leicht, damit zu kochen, denn sie sind weder von der Konsistenz noch vom Geschmack her mit normalem Mehl zu vergleichen. Um leichtere Gerichte in deinen Speiseplan zu integrieren, musst du aber nicht mit ihnen kochen. Wie du bei meinen Rezepten siehst, gibt es dort mehr Gerichte ohne Mehl als mit.

Wenn du mit diesen besonderen Mehlen kochen willst, dann probiere es erst einmal mit einem vorgegebenen Rezept aus und halte dich streng an die Anweisungen. Da du normales Mehl nicht eins zu eins ersetzen kannst, können Experimente schnell in die Hose gehen. Doch keine Sorge, du wirst lernen, wie sich die Mehle verhalten und wie du daraus leckere Gerichte zaubern kannst.

Zum Kochen und Backen

Nicht jede Mehlalternative eignet sich gleich gut zum Backen und Kochen. Damit du weißt, für welche Gerichte du sie verwenden kannst bzw. auf welche Dinge du bei der Verarbeitung achten solltest, stelle ich dir hier einige vor.

Mandelmehl

Besonders gerne verwende ich zum Backen oder für süße Gerichte Mandelmehl. Es hat einen feinen Mandelgeschmack (je nach Hersteller kann er intensiver oder neutraler sein), der besonders gut zu Kuchen und Backwaren aller Art passt. Du kannst es auch unter deinen Joghurt rühren. Mandelmehl enthält viele gesunde Nährstoffe. Es ist aber auch sehr trocken und bindet viel Flüssigkeit. Bei der Menge solltest du sparsam sein, denn der Geschmack nach Marzipan kann schnell zu intensiv werden.

Sojamehl

Sojamehl ist wohl das bekannteste, aber zugleich am meisten verteufelte Mehl dieser Art. Leider enthalten Sojaprodukte sehr oft gentechnisch manipulierte Sojabohnen, deren Anbau für die Abholzung des Regenwalds verantwortlich ist.

Mittlerweile verwende ich sehr gerne Produkte, die in hoher Qualität und ausschließlich aus in Europa angebauten Sojabohnen hergestellt werden, oft sogar ohne Plastikverpackung. Da Sojamehl geschmacklich sehr neutral ist, kann man es wunderbar zur Herstellung von sowohl süßen als auch herzhaften Speisen verwenden. Da es aus energetischer Sicht nicht ideal ist, Sojaprodukte in großen Mengen zu verwenden, findest du Sojamehl nur in wenigen meiner Rezepte.

Kokosmehl

Auch Kokosmehl eignet sich gut für die Herstellung von Süßspeisen, Keksen, Pralinen und Co. Es schmeckt intensiv nach Kokos und ist reich an Ballaststoffen.

Süßlupinenmehl

Der Geschmack dieses Mehls ist recht intensiv und süßlich. Da es sehr eiweißreich ist, bekommen Teige damit eine große Lockerheit. Außerdem enthält Lupinenmehl sehr viele Antioxidantien, die dafür sorgen, dass die Backwaren länger frisch bleiben.

Hanfmehl

Hanfmehl ist sehr gesund und eignet sich sowohl zum Backen als auch zum Kochen. Mit Hanfmehl zubereitete Gerichte bekommen ein intensives, nussiges Aroma. Damit das nicht zu stark wird, solltest du nur etwa ein Zehntel des normalen Mehls durch Hanfmehl ersetzen.

Leinsamenmehl

Leinsamenmehl ist eines der wenigen Low-Carb-Mehle, das nur einen geringen Eigengeschmack hat. Ich verwende es wegen seiner guten Bindefähigkeit sehr gerne zum Kochen. Leinsamenmehl eignet sich aber auch hervorragend für die Herstellung von Teigen aller Art. Wichtig ist nur, dass du den Teig vor der Weiterverarbeitung mindestens 10 Minuten ruhen lässt! Die Teigwaren haben nach dem Kochen durch den Quelleffekt eine schleimige Außenschicht. Lass dich davon nicht beirren, das ist normal und tut deinem Darm gut.

Kürbiskernmehl

Auch diese Mehlalternative hat einen eher intensiven, nussigen Geschmack, der sehr gut zu Backwaren (Brötchen, Kuchen, Kekse) passt. Du kannst damit aber auch Saucen binden oder Smoothies verfeinern. Allerdings solltest du nicht die komplette Mehlmenge durch Kürbiskernmehl ersetzen, sondern – wie beim Hanfmehl – nur einen Teil.

Kokosmehl

Bindemittel für die leichte Küche

Es gibt nicht nur glutenfreie Mehle, sondern auch Alternativen für gängige Bindemittel wie Mais- oder Weizenstärke.

Johannisbrotkernmehl

Johannisbrotkernmehl ist ein geschmacksneutrales pflanzliches Verdickungsmittel mit sehr guter Bindefähigkeit. Es verhält sich ähnlich wie Mais-, Weizen- oder Kartoffelstärke, ist dabei aber gesünder und du brauchst nur etwa die Hälfte der Menge, um die gleiche Wirkung zu erzielen. In Backwaren sorgt Johannisbrotkernmehl für zusätzliches Volumen.

Pfeilwurzelmehl

Pfeilwurzelmehl ist ebenfalls recht geschmacksneutral und daher das gängigste Bindemittel bei uns zu Hause. Du kannst damit die im Rezept angegebene Menge eines herkömmlichen Bindemittels halbieren. Am besten rührst du das Pfeilwurzelmehl vor der Verwendung wie normales Stärkemehl mit etwas Wasser an.

Guarkernmehl

Guarkernmehl wird in industriellen Produkten wie Marmelade, Konserven oder Mayonnaise oft verwendet. Ich bevorzuge allerdings die beiden oben genannten Bindemittel, weil mit Guarkernmehl gebundene Speisen schnell eine gummiartige Konsistenz bekommen.

Biomacris

Dieses hochwertige pflanzliche Proteinpulver ist mit einem sehr neutralen Geschmack zum Kochen und Backen ideal. Es hilft dir, die tägliche Menge an Proteinen auf einfache Art und Weise aufzunehmen. Du kannst bei einigen Rezepten z. B. Soja-, Kokos- oder Mandelmehl dadurch ersetzen. Die Menge variiert etwas, je nach Mehlsorte.

Weitere alternative Bindemittel

Flohsamenschalen, Chia-Samen, Leinsamen oder Kleie haben ebenfalls gute Bindeeigenschaften. Darüber hinaus ist ihre gesundheitliche *Nebenwirkung* interessant: Flohsamenschalen, Chia- und Leinsamen regen die Verdauung an und regulieren die Darmtätigkeit. Du kannst diese tollen Lebensmittel zu vielen Gerichten oder Smoothies geben.

Ich empfehle dir, wenn du solche gesunden Mehlalternativen verwenden möchtest, erst einmal ein wenig zu probieren.

Pfeilwurzel-, Leinsamen- und Mandelmehl sind meine absoluten Favoriten. Wichtig ist, sie in Bioqualität zu verwenden.

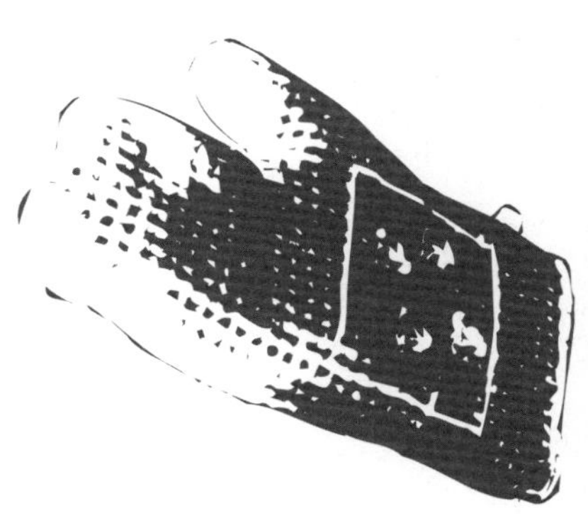

Chrisfiss – Biomacris®

Wann hast du dir zum letzten Mal eine richtige Auszeit gegönnt oder bei immer wiederkehrenden körperlichen Beschwerden Hilfe gesucht? Wann hast du deinem Körper zum letzten Mal einen Reset gegönnt?

Nicht immer ist jeder von uns körperlich oder psychisch imstande, sich selbst von Beschwerden zu befreien. Dann sind solche Menschen wie Chris umso wichtiger.

Chris ist schon ewig der beste Freund meines Mannes und somit auch für mich ein sehr guter Freund. Ich halte sehr viel von ihm und seiner wertvollen Arbeit, die ich dir hier etwas erklären möchte.

Außerdem hat er zusammen mit seinem Freund Manuel vor Kurzem ein hochwertiges pflanzliches Bio-Proteinpulver auf den Markt gebracht, das weltweit einzigartig ist.

Chris, warum kommt man zu dir ins Studio Chrisfiss?
Um sich selbst, Körper und Geist wieder in Harmonie zu bringen.

Wie hilfst du den Menschen und was bewirkst du bei ihnen?
Ich helfe ihnen dabei, die Selbstheilungskräfte wieder zu aktivieren, damit unterschiedliche Lebenssituationen besser bewältigt werden können.

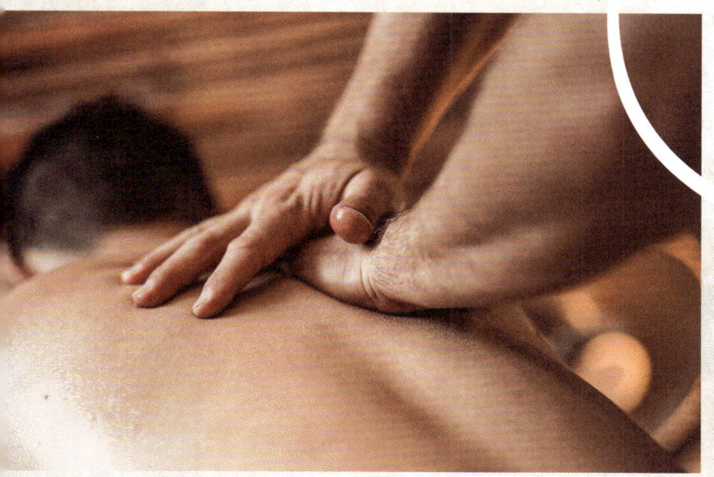

Welche Beschwerden bzw. welche inneren oder körperlichen Probleme nimmst du bei deinen Klienten am häufigsten wahr?
Ich merke, dass sich die Menschen viel zu wenig Zeit für sich selbst nehmen. Dadurch entstehen die unterschiedlichsten Blockaden im Körper, die sie emotional oder körperlich stark einschränken können.

Zu eurem neuen Produkt: Wie seid ihr auf die Idee gekommen, solch ein Proteinpulver zu produzieren und auf den Markt zu bringen?
Mein Freund Manuel Peer und ich haben erkannt, dass es bisher kein Nahrungsergänzungsmittel gibt, dass man überall ganz einfach zu den Mahlzeiten hinzufügen kann, um den täglichen Proteinbedarf zu decken. Deshalb haben wir Biomacris entwickelt.

Warum sollte ich ein Proteinpulver von Biomacris unbedingt zu Hause haben?
Man kann es ganz einfach zu vielen Speisen, die vorwiegend Fette oder Kohlenhydrate enthalten, hinzufügen und so den Proteingehalt stark steigern. Das hilft unter anderem dabei, den Fettstoffwechsel anzuregen, aber auch beim Muskelaufbau und bei der Optimierung der Körperzusammensetzung.

www.chrisfiss.it
www.biomacris.com

Zuckerersatz

Die gängigsten und bekanntesten Zuckerersatzstoffe sind mittlerweile Birkenzucker (Xylit), Erythrit und Stevia. Du kannst alle drei anstelle von weißem Zucker zum Süßen verwenden. Zuckerersatzstoffe werden – wie der weiße Zucker auch – durch chemische Prozesse gewonnen. Welchen bzw. ob du überhaupt Zuckerersatz verwenden möchtest, musst du selbst entscheiden.

Ich finde es sinnvoll, wenn wir Menschen unserer Sucht nach Zucker und Süßem endlich achtsam in die Augen blicken und etwas daran ändern. Zucker wirkt wie eine Droge auf den menschlichen Körper und hat extreme gesundheitliche Folgen für uns. Zucker macht krank, denk nur an Übergewicht, Karies oder Diabetes und deren weitreichende Folgen.

Die von mir am häufigsten verwendeten Zuckerersatzstoffe bergen diese Gefahr nachweislich nicht. Diese Zuckeralternativen finde ich daher sehr sinnvoll, aber noch besser finde ich es, wenn wir nach und nach nicht mehr den Drang haben, uns mit Süßem zu belohnen, abzulenken oder etwas in unserem Inneren damit zu überspielen. Es wäre schön für dich, wenn du aus diesem Teufelskreis ausbrechen kannst.

Ich habe in dieses Buch einige Rezepte für süße Snacks aufgenommen, um dir gesunde Alternativen zu zeigen. Nach und nach, wenn du beginnst, dich mehr mit deinem Körper und deinem Körpergefühl auseinanderzusetzen, merkst du erst, dass du das alles gar nicht brauchst. Du brauchst keine schnellen guten Gefühle mehr, die dir das süße oder unvorteilhafte Essen verschafft. Du musst nicht mehr zwischen den Mahlzeiten essen. Du isst, wenn du Hunger hast, und fühlst dich gut, ausgeglichen und fit wie nie zuvor. Wie würde dir das gefallen?

Das kannst du erreichen, wenn du dich immer wieder beobachtest, ertappst und deine Gedanken und dein Verhalten reflektierst. Das ist vielleicht kein Dauerzustand, denn verschiedene Situationen können dich immer wieder in alte Verhaltensmuster zurückfallen lassen. Dann ist es umso spannender, dies zu erkennen und zu verändern.

Die Zuckeralternativen sollen dir bei deinem neuen Weg helfen, aber es sollte unser Ziel sein, sie nicht auf Dauer zu brauchen.

Xylit

Xylit ist auch unter dem Namen Birkenzucker bekannt. Es handelt sich dabei um einen natürlich vorkommenden Zuckeralkohol, der ursprünglich aus dem Holz finnischer Birken gewonnen wurde. Dieser Holzzucker kommt aber nicht nur in Birken- bzw. Hartholz vor, sondern auch in vielen Gemüse- und Obstsorten. Aufgrund der steigenden Nachfrage wird Birkenzucker mittlerweile nicht mehr nur aus Holzfasern gewonnen, sondern oft aus landwirtschaftlichen Reststoffen (Maiskolbenreste, Stroh), die preisgünstiger sind. Du solltest Xylit unbedingt im Bioladen kaufen, denn dann kannst du relativ sicher sein, dass er nicht aus gentechnisch verändertem Mais hergestellt wurde.

Die Vorteile von Birkenzucker

- Du kannst damit warme und kalte Speisen sowie Getränke süßen.
- Er enthält 75 % weniger Kohlenhydrate als normaler Zucker.
- Du kannst damit Haushaltszucker im Verhältnis 1:1 ersetzen.
- Er sieht aus wie Zucker und schmeckt wie Zucker.
- Birkenzucker kann für alle Altersstufen sowie für Diabetiker verwendet werden.
- Xylit ist erwiesenermaßen zahnfreundlich und wird oft bei der Herstellung von Kaugummis eingesetzt.
- Er verursacht keine übermäßige Insulinausschüttung, das heißt, er lässt den Blutzuckerspiegel weder drastisch ansteigen noch fallen. Dadurch entsteht ein längeres Sättigungsgefühl.

Die Nachteile von Birkenzucker

- Birkenzucker hat auf der Zunge einen leicht frischen, kühlen Nachgeschmack.
- Vor allem am Anfang der Verwendung kann Birkenzucker zu Blähungen und Durchfall führen. Bei vielen Menschen wirken schon kleine Mengen stark abführend. Auch wenn sich der Körper an Xylit gewöhnt, solltest du immer sparsam damit süßen.
- Für Hunde ist Xylit bereits in kleinen Mengen tödlich. Hundebesitzern empfehle ich, auf einen anderen Zuckerersatz zurückzugreifen.

Erythrit

Erythrit kommt ebenfalls in Pflanzen vor, beispielsweise in Wassermelonen, Weintrauben und Birnen. Zur Gewinnung dieses Zuckeralkohols wird Traubenzucker (Glukose) mithilfe von Pilzen vergoren. Wegen der großen Nachfrage wird Erythrit durch chemische Verfahren aus Mais oder Weizen hergestellt. Damit du kein Produkt kaufst, für das gentechnisch veränderte Rohstoffe verwendet wurden, solltest du beim Hersteller nachfragen.

Vorteile von Erythrit

- Erythrit hat null Kalorien und ist ideal zum Abnehmen.
- Da es von unserem Körper so gut wie nicht verstoffwechselt wird, hat es keinen Einfluss auf unseren Blutzuckerspiegel und es kommt nicht zu Heißhungerattacken.
- Der Zuckerersatzstoff ist für Diabetiker, aber auch für alle Altersgruppen geeignet.
- Erythrit sieht aus wie Zucker.
- Er ist zahnfreundlich, weil er Kariesbakterien keine Nahrung bietet.

- Erythrit ist gesundheitlich unbedenklich und wirkt sich nicht auf den Magen-Darm-Trakt aus. Selbst wenn man größere Mengen zu sich nimmt, hat es bei den meisten Menschen keine abführende Wirkung.

Nachteile von Erythrit

- Genau wie Birkenzucker hinterlässt Erythrit einen frischen, kühlen Nachgeschmack auf der Zunge.
- Erythrit besitzt nur etwa 70 % der Süßkraft von Zucker. Du kannst ihn deshalb nicht im Verhältnis 1:1 ersetzen.

 **Stevia**

Stevia wird aus den Blättern der ursprünglich aus Südamerika stammenden gleichnamigen Pflanze gewonnen. Wegen ihrer Süße wird sie auch Honig- oder Süßkraut genannt. Da die Blätter in Europa nicht als Zuckerersatz zugelassen sind, sondern nur die Extrakte der Pflanze, müssen diese durch verschiedene chemische Prozesse gewonnen werden. Anschließend wird das Steviapulver kristallisiert oder zu flüssigem Zuckerersatz weiterverarbeitet.

Glücklicherweise gibt es in vielen Gärtnereien Steviapflanzen zu kaufen, die du im Garten, auf dem Balkon oder der Fensterbank anbauen kannst. Zum Süßen von Tee oder Kaffee verwendest du einfach die Blätter oder machst daraus deine eigene Flüssigsüße.

Vorteile von Stevia

- Der Urwald-Zuckerersatz hat null Kalorien und deshalb keine Auswirkungen auf den Blutzuckerspiegel. Dadurch bleiben Heißhungerattacken aus.
- Stevia ist nicht nur für Diabetiker, sondern auch für alle Altersgruppen geeignet.
- Der Zuckerersatzstoff ist sehr zahnfreundlich und verursacht keine Karies.
- Die Süßkraft von reinem Stevia ist 30-mal höher als die von normalem Haushaltszucker. Allerdings mischen viele Firmen Stevia mit anderen Stoffen, damit man es 1:1 als Zuckerersatz verwenden kann.
- Stevia hat keine unerwünschten Nebenwirkungen.

Nachteile von Stevia

- Speisen, die ausschließlich mit Stevia gesüßt werden, haben oft einen bitteren, lakritzartigen Nachgeschmack.

Gibt es einen gesunden Mittelweg zwischen Zuckerersatz und Zucker?

Ja, den gibt es! Wenn du keine Zuckerersatzstoffe verwenden und dennoch nicht auf Süßes verzichten möchtest, gibt es eine gesunde Alternative: Kokosblütenzucker.

Kokosblütenzucker wird aus dem frischen Saft der Kokosblüte gewonnen. Er schmeckt überhaupt nicht nach Kokos, sondern eher nach Karamell.

Kokosblütenzucker

Im Gegensatz zu Haushaltszucker hat er einen viel niedrigeren glykämischen Index. Das hat den Vorteil, dass der Blutzuckerspiegel nur sehr langsam ansteigt bzw. fällt. Zwar ist er für deine Wohlfühlfigur nicht ganz so ideal wie die natürlichen Zuckerersatzstoffe, aber immer noch viel besser und gesünder als normaler Zucker! Zudem ist es absolut toll und sinnvoll, immer mal wieder mit Datteln zu süßen.

Tipp

Mittlerweile bekommt man in vielen Geschäften verschiedene Zuckerersatzstoffe zu sehr günstigen Preisen. Ich empfehle dir aber, die Zuckerersatzstoffe immer im Bioladen zu kaufen. Zwar sind sie dort etwas teurer, aber von besserer Qualität. Bei der Billigware wird den natürlichen Zuckerersatzstoffen oft billiger Süßstoff (z. B. Aspartam) beigemischt, der gesundheitsschädlich und überhaupt keine gute Idee für deine Wohlfühlfigur ist.

Grüne Smoothies

Wenn du mich schon von meinem Blog oder aus den sozialen Medien kennst, dann weißt du, dass ich regelmäßig grüne Smoothies trinke!

Sie sind für mich allerdings kein Mahlzeitersatz, sondern ich trinke sie gerne zum Frühstück oder immer mal wieder einen Schluck zwischendurch. Einfach immer dann, wenn mir intuitiv danach ist. Mein Körper sagt mir dann: „Du brauchst jetzt mehr Chlorophyll und Co."

Mittlerweile trinke ich sie ohne Obst, also ohne zusätzliche Süße. Und zwar, weil bei mir der gesundheitliche Nutzen im Vordergrund steht. Aber wenn man damit beginnt – oder auch später noch –, kann Obst dabei helfen, den Smoothie geschmacklich aufzupeppen.

Grüne Smoothies – lecker und gesund

Grüne Smoothies enthalten dank der grünen Blätter sehr viel lebenswichtiges Chlorophyll, das Darm und Leber reinigt bzw. entgiftet und sogar Krebs vorbeugen kann.

Ein grüner Smoothie ist für mich ein Mittel der Gartenapotheke, das mir vor allem wegen der gesundheitlichen Vorteile so gut schmeckt. Seit ich grüne Smoothies trinke, fühle ich mich gesünder und fitter.

Tipps für die Zubereitung und den richtigen Genuss

- Ein grüner Smoothie sollte mindestens 60 % grüne Blätter und – falls nötig – maximal 40 % Obst enthalten. Am Anfang kannst du eventuell einen höheren Obstanteil verwenden. Das schmeckt besser und du gewöhnst dich leichter an den herben, etwas bitteren Geschmack des Blattgemüses.
- Ein bis zwei Obst- und Blattgemüsesorten reichen. Weniger schmeckt oft besser und der Körper – sprich deine Verdauung – kann sich leichter darauf einstellen.
- Gojibeeren, Gersten-Weizengras-Pulver, Leinsamen, Flohsamenschalen, Baobab und andere Superfoods solltest du nicht zu hoch dosieren. Gib immer nur ein oder zwei dieser Wundermittel zu deinem Smoothie.
- Auf keinen Fall gehören Milchprodukte, Nüsse, Hülsenfrüchte und einige Gemüsesorten in einen grünen Smoothie. Diese Lebensmittel bringen die Verdauung gerne durcheinander und verhindern teilweise sogar die Aufnahme der wertvollen Inhaltstoffe des Blattgrüns. Am besten ist es, nur das Blattgrün als festen Inhaltsstoff zu verwenden. Aus Gemüse machst du lieber einen reinen Gemüse-Smoothie. Der ist auch voller Nährstoffe und super lecker.

- Sollte dir der Smoothie zu dickflüssig sein, kannst du ihn mit Wasser verdünnen.
- Gib beim Mixen einen oder zwei Eiswürfel dazu, damit das in den grünen Blättern enthaltene Chlorophyll nicht verloren geht. Außerdem bleibt so die grüne Farbe erhalten. Du kannst statt der Eiswürfel natürlich auch in Stücke geschnittenes tiefgefrorenes Obst verwenden.
- Wenn du magst, kannst du verschiedene gesunde Öle unter den Smoothie rühren, beispielsweise Kokos-, Traubenkern-, Lein- oder Hanföl.
- Trinke den Smoothie immer ganz langsam. Du solltest die Schlucke sogar etwas länger im Mund behalten und kauen, damit du so viele Nährstoffe wie möglich aufnehmen kannst.
- Und ganz wichtig: Bring Abwechslung in deinen Smoothie! Verwende immer wieder anderes Obst bzw. Blattgemüse. Zum Blattgemüse zählen alle grünen Salatsorten, Spinat, Mangold, Sellerieblätter oder Wildkräuter, aber auch Himbeer- und Erdbeerblätter.

Novo

Unverpackt. Gesund. Lebensverändernd.

Geschäfte wie **Novo** haben den Zeitgeist mehr als getroffen. Ich bin unendlich dankbar, in meiner Nähe einen so tollen Bio-Unverpacktladen zu haben, in dem wir unsere Wocheneinkäufe erledigen können. Das Konzept ist ganz einfach: Man bringt leere Gläser, Behälter oder Beutel mit und füllt diese mit den Lebensmitteln, die man möchte. So spart man unheimlich viel Verpackungsmüll und kann die Menge der jeweiligen Produkte selbst bestimmen. Viele trauen sich erst gar nicht an diese wieder ins Leben gerufene Form des Einkaufens heran, weil sie meinen, dass das viel zu teuer ist. Klar kann so ein Geschäft, in dem man ausschließlich gesunde, unverpackte, hochwertige Lebensmittel und Produkte kaufen kann, nicht mit einem Diskounter mithalten. Das soll es auch nicht, denn die Menschen hinter den Produkten bekommen alle einen fairen Lohn, sie übergießen ihre Ernte nicht mit Giftmitteln und zerstören nicht unsere Natur bzw. uns alle. Wenn du unverpackt, bio, fair einkaufst, dann handelst du zwar in erster Linie für dich und deine

Gesundheit, aber wir alle profitieren davon. Viele Menschen könnten sich hochwertige Lebensmittel leisten, aber sie geben das Geld lieber für viel zu viel Kleidung und anderes Zeugs aus. Dabei sollte das, was uns wirklich auf allen Ebenen nährt, die Lebensmittel, die meiste Aufmerksamkeit bekommen. Den Unterschied spürt man schon beim Einkaufen. Auch in vielen kleinen (Dorf-)Läden haben sie sogenannte **Novo Corner** installiert und bieten auch die Belieferung von Gastronomiebetrieben an. Die Besitzer Stefan Zanotti und Maria Lobis sind aber nicht nur beim gesunden, unverpackten Einkaufen Vorreiter in Südtirol. Maria Lobis ist außerdem Zero-Waste-Aktivistin, Naturheilkundlerin und gelernte Hebamme. Sie bietet viele tolle Kurse an, in denen sie ihr Wissen weitergibt: Geburtsvorbereitung, Hypnobirthing (diesen Kurs haben wir beim dritten Kind besucht), Beikost, Naturheilkunde, Zero Waste (unverpackt) … – über alle diese Themen spricht sie mit sehr viel Liebe und Leidenschaft.

Infos zu den Kursen, zum Geschäft, zum Onlineshop und noch zu vielem mehr findest du auf der Homepage www.maria-lobis.it bzw. www.novo.bz sowie auf Facebook und Instagram.

Wir kaufen mindestens 90 % unserer Lebensmittel unverpackt oder plastikfrei ein. Deshalb bin ich Maria Lobis und Stefan Zanotti unendlich dankbar, dass sie uns dabei helfen, unseren Körper zu unterstützen und den Planeten zu retten.

www.novo.bz
www.maria-lobis.it

glutenfrei

vegan

35 Minuten

2 Portionen

Asiasuppe

Asiatische Gerichte gehören für mich immer wieder mal dazu. Ich liebe sie sehr, deshalb darf in diesem Buch eine Asiasuppe – würzig und leicht – nicht fehlen. Je nachdem, wie dick du die Suppe möchtest, gibst du mehr oder weniger Wasser dazu. Du kannst für diese Suppe auch andere Gemüsesorten verwenden.

Zutaten

½ Paprika
2 Karotten
1 Zucchini
1 Zwiebel, fein geschnitten
2 Knoblauchzehen, fein gehackt
2 EL neutrales Öl zum Anbraten
1 TL Currypulver
750 ml Wasser oder Gemüsefond
200 ml Kokosmilch
Salz
Pfeffer
1 Handvoll Babyspinat

Zubereitung

1. Paprika, Karotten und Zucchini waschen und klein schneiden.
2. Zwiebel- und Knoblauchwürfel in Öl andünsten.
3. Das Gemüse und das Currypulver dazugeben und alles kurz mitdünsten lassen.
4. Mit Wasser und Kokosmilch aufgießen, salzen, pfeffern und etwa 20 Minuten mit geschlossenem Deckel köcheln lassen.
5. Kurz vor Ende der Garzeit den Babyspinat dazugeben.

glutenfrei

vegan

35 Minuten

2 Portionen

Champignoncremesuppe

Vielleicht ist dir bereits aufgefallen, dass ich Champignons liebe. Daher kommt bei uns gerne eine Suppe daraus auf den Tisch. Mit frischen Kräutern aus dem Garten verfeinert ist sie ein besonderes Highlight. Im Sommer kann man die Suppe auch lauwarm genießen.

Zutaten

400 g weiße Champignons
1 Zwiebel, fein geschnitten
1 Knoblauchzehe, fein gehackt
2 EL neutrales Öl zum Anbraten
50 ml Weißwein
500 ml Wasser
Salz
Pfeffer
Thymian
2 Champignons, in Scheiben geschnitten und gebraten
frische Kräuter, fein geschnitten

Zubereitung

1. Die Champignons putzen und vierteln.
2. Zwiebel- und Knoblauchwürfel in Öl andünsten.
3. Die Champignons dazugeben und so lange mitdünsten, bis die Flüssigkeit verdampft ist.
4. Mit Weißwein ablöschen und mit Wasser aufgießen.
5. Die Suppe etwa 20 Minuten köcheln lassen.
6. Mit Salz, Pfeffer und Thymian würzen und im Mixer fein pürieren.
7. Die Suppe mit gebratenen Champignons und Kräutern garniert servieren.

glutenfrei | vegan | 45 Minuten | 2 Portionen

Gemüsesuppe

Die Gemüsesuppe ist meine absolute Lieblingssuppe. Ich mochte sie schon als Kind gerne, auch wenn ich da alle anderen Gemüsegerichte gekonnt gemieden habe. Du kannst für diese Suppe natürlich auch andere Gemüsesorten verwenden. Nimm einfach die, die du am liebsten hast.

Zutaten

½ Lauchstange
2 Karotten
1 Zucchini
¼ Blumenkohl
2 EL neutrales Öl zum Anbraten
1 EL Tomatenmark
50 ml Rotwein
1 l Wasser
Salz
Pfeffer
Petersilie, fein geschnitten

Zubereitung

1. Das Gemüse putzen, waschen und in kleine Würfel schneiden.
2. Öl in einem Topf erhitzen und das Gemüse darin etwa 10 Minuten anschwitzen.
3. Tomatenmark zugeben und kurz rösten.
4. Mit Rotwein ablöschen und die Flüssigkeit einkochen lassen.
5. Mit Wasser aufgießen und so lange köcheln lassen, bis das Gemüse weich ist.
6. Die Suppe mit Salz, Pfeffer und Petersilie würzen.

glutenfrei

vegan

35 Minuten

2 Portionen

Karotten-Ingwer-Suppe

Diese Suppe ist durch den Ingwer besonders wärmend. Probiere einfach mal den frischen Ingwer aus Südtirol, der ist sehr intensiv und macht ordentlich Feuer. In den Sommermonaten kannst du die Suppe statt mit Ingwer mit frischen Kräutern zubereiten.

Zutaten

5 Karotten
2 EL Öl zum Anbraten
1 Zwiebel, fein geschnitten
1 Knoblauchzehe, fein gehackt
700 ml Wasser
50 ml pflanzliche „Milch"
Salz
Pfeffer
etwas Ingwer, gerieben

Zubereitung

1. Die Karotten schälen und in grobe Würfel schneiden.
2. Zwiebel- und Knoblauchwürfel in Öl gut anschwitzen. Karotten zugeben und mitdünsten lassen.
3. Mit Wasser aufgießen und etwa 20 Minuten köcheln lassen.
4. Die pflanzliche „Milch" dazugeben, mit Salz, Pfeffer und Ingwer würzen und im Mixer fein pürieren.

glutenfrei

vegan

35 Minuten

2 Portionen

Kurkuma-Kürbis-Suppe

Kürbis ist etwas, was ich in der Saison ab und zu gerne esse. Am liebsten als Suppe oder zu Gnocchi verarbeitet. Nicht jeden Kürbis muss man schälen, Hokkaido-Kürbis beispielsweise nicht.

Zutaten

500 g Kürbis
1 Zwiebel, fein geschnitten
1 Knoblauchzehe, fein gehackt
2 EL neutrales Öl zum Anbraten
500 ml Wasser
Salz
Pfeffer
2 TL Kurkuma
Kürbiskerne
frische Kräuter, fein gehackt

Zubereitung

1. Den Kürbis schälen, Kerne herauskratzen und das Fruchtfleisch in Würfel schneiden.
2. Zwiebel- und Knoblauchwürfel in Öl farblos anschwitzen.
3. Den Kürbis dazugeben und kurz mitdünsten lassen.
4. Mit Wasser aufgießen und so lange köcheln lassen, bis der Kürbis weich ist.
5. Mit Salz, Pfeffer und Kurkuma würzen und im Mixer fein pürieren.
6. Mit Kürbiskernen und Kräutern garniert servieren.

glutenfrei vegan 40 Minuten 2 Portionen

Paprikasuppe

Ich liebe Paprika, nicht nur als Peperonata oder in Kombination mit anderem Gemüse. Als feine Cremesuppe wird daraus ein leichtes, super leckeres Gericht für abends. Natürlich musst du sie nicht getrennt nach Farben zubereiten, sondern kannst gelbe und rote Paprika auch zusammen kochen.

Zutaten

2 gelbe Paprika
2 rote Paprika
1 Zwiebel, fein geschnitten
2 Knoblauchzehen, fein gehackt
2 EL neutrales Öl zum Anbraten
400 ml Wasser oder Gemüsefond
Salz
Pfeffer
1 TL Kurkuma
1 TL Paprikapulver

Zubereitung

1. Die Paprika nach Farben getrennt putzen und grob zerkleinern.
2. Die Zwiebel- und Knoblauchwürfel auf zwei Töpfe verteilen und in Öl andünsten.
3. Paprika (getrennt nach Farben) dazugeben und kurz mitdünsten lassen.
4. Mit Wasser aufgießen und etwa 30 Minuten köcheln lassen.
5. Mit Salz und Pfeffer würzen und getrennt im Mixer fein pürieren. Zur gelben Paprikasuppe Kurkuma und zur roten Paprikapulver zugeben, dadurch verstärken sich sowohl der Geschmack als auch die Farbe.

glutenfrei

vegan

30 Minuten

2 Portionen

Tomatensuppe

Tomatensuppe erinnert mich immer an meine Kindheit. Im Sommer war ich monatelang mit einer Freundin bei einer Freundin der Familie auf der Almhütte. Abends gab es fast täglich Tomatencremesuppe und die konnte niemand so gut kochen wie Marianne. Diese hier kommt dem Original aber schon sehr nahe.

Zutaten

4 Tomaten
2 Zwiebeln, fein geschnitten
1 Knoblauchzehe, fein gehackt
2 EL neutrales Öl zum Anbraten
1 EL Weißwein
500 ml Wasser
Salz
Pfeffer
Basilikum

Zubereitung

1. Die Tomaten waschen, den Stielansatz herausschneiden und grob würfeln.
2. Zwiebel- und Knoblauchwürfel in Öl anschwitzen und die Tomatenwürfel dazugeben.
3. Mit Weißwein ablöschen und mit Wasser aufgießen.
4. Alles etwa 20 Minuten köcheln lassen.
5. Mit Salz, Pfeffer und Basilikum würzen.
6. Die Suppe im Mixer fein pürieren und mit Basilikum garniert servieren.

glutenfrei

vegan

40 Minuten

2 Portionen

Pizzasuppe

Diesen Trend verfolge ich schon länger, aber erst jetzt habe ich die Pizzasuppe selbst gekocht. In einer gesünderen, leichteren Variante als das Original, aber unglaublich lecker! Du kannst gleich eine größere Menge zubereiten und die Reste als Sauce zu Nudeln, Reis, Gemüserösti oder Schupfnudeln genießen. Die pflanzliche Sahne kannst du auch weglassen.

Zutaten

½ Paprika
5 Champignons
5 Cocktailtomaten
100 g Sonnenblumenkerne, grob zerkleinert
1 Zwiebel, fein geschnitten
1 Knoblauchzehe, fein gehackt
2 EL neutrales Öl zum Anbraten
1 EL Tomatenmark
400 ml Wasser
500 ml passierte Tomaten
Salz
Pfeffer
100 ml pflanzliche Sahne
Oregano
Thymian

Zubereitung

1. Paprika, Champignons und Cocktailtomaten waschen, putzen und grob zerkleinern.
2. Die Sonnenblumenkerne zusammen mit Zwiebel- und Knoblauchwürfeln in Öl andünsten.
3. Tomatenmark dazugeben und kurz mitdünsten lassen.
4. Das Gemüse zufügen und ebenfalls mitdünsten.
5. Mit Wasser ablöschen und die passierten Tomaten dazugeben.
6. Mit Salz und Pfeffer würzen und 20–25 Minuten köcheln lassen.
7. Mit pflanzlicher Sahne, Oregano und Thymian abrunden.

glutenfrei

vegan

30 Minuten

2 Portionen

Spargelsuppe

Spargel mag ich tatsächlich noch nicht so lange, aber als feine Cremesuppe, paniert oder im Risotto mag ich ihn mittlerweile sehr gerne.

Zutaten

500 g weißer Spargel
1 Zwiebel
2 Knoblauchzehen
1 EL neutrales Öl zum Anbraten
1 Schuss Weißwein
800 ml Wasser
1 Lorbeerblatt
¼ Zitrone, Saft
Salz
Pfeffer

Zubereitung

1. Den Spargel schälen und das holzige Ende abschneiden.
2. Zwiebel, Knoblauch und Spargel grob zerkleinern und im Öl anbraten.
3. Mit Weißwein ablöschen und mit Wasser aufgießen.
4. Das Lorbeerblatt zufügen und 15–20 Minuten köcheln lassen.
5. Zitronensaft zugeben und das Lorbeerblatt entfernen.
6. Die Suppe im Mixer fein pürieren und mit Salz und Pfeffer abschmecken.

glutenfrei

vegan

25 Minuten

2 Portionen

Zwiebelsuppe

Dieser Duft, wenn frische Zwiebelsuppe auf dem Herd köchelt, ist unschlagbar. Das Wasser läuft einem sofort im Mund zusammen.

Zutaten

500 g Zwiebeln
2 EL neutrales Öl zum Anbraten
1 EL Tomatenmark
100 ml Rotwein
1 Lorbeerblatt
400 ml Wasser
Salz
Pfeffer

Zubereitung

1. Die Zwiebeln schälen und in dünne Scheiben schneiden.
2. Öl in einer Pfanne erhitzen und die Zwiebelringe darin goldgelb anrösten.
3. Das Tomatenmark dazugeben und kurz mitrösten lassen.
4. Mit Rotwein ablöschen und alles in einen kleinen Topf geben.
5. Das Lorbeerblatt zufügen, mit Wasser aufgießen und die Suppe etwa 10 Minuten köcheln lassen.
6. Mit Salz und Pfeffer würzen.

glutenfrei

vegan

40 Minuten

2 Portionen

Blumenkohl-Nuggets

Diese Nuggets sind – einfach so zum Snacken oder mit einem Dip – nicht nur gut für deinen Körper, sondern auch extrem lecker. Selbst wenn du Blumenkohl sonst vielleicht nicht so gerne magst, werden dir diese Nuggets bestimmt schmecken. Am besten sind sie, wenn du sie über Nacht mit BBQ-Sauce (siehe S. 192) marinierst. Wenn du aber mal spontan Lust darauf hast, dann kannst du die gleiche Menge BBQ-Sauce einfach unter den Teig mischen, ehe du den Blumenkohl darin wendest.

Zutaten

1 Blumenkohl
40 g zuckerfreie BBQ-Sauce oder zuckerfreier Ketchup
150 g Kichererbsenmehl
200 g pflanzliche „Milch"
1 Knoblauchzehe, gehackt
Paprikapulver
Salz
Pfeffer

Zubereitung

1. Den Blumenkohl waschen, trocken tupfen und in Röschen teilen.
2. Blumenkohlröschen mit BBQ-Sauce einpinseln und über Nacht ziehen lassen.
3. Kichererbsenmehl, pflanzliche „Milch", Knoblauch, Paprikapulver, Salz und Pfeffer zu einem dickflüssigen Teig verrühren.
4. Blumenkohl durch den Teig ziehen und auf ein Backblech legen.
5. Im Backofen bei 220 Grad ⊟ 20–25 Minuten backen.

glutenfrei | vegetarisch | 20 Minuten | 2 Portionen

Omeletten

Die Omeletten sind – als Frittaten – auch in der Suppe eine leckere Einlage. Wenn du sie lieber vegan machen möchtest, verwendest du statt der Eier 2 EL geschroteten Leinsamen, den du mit 6 EL heißem Wasser vermengst. Anschließend streichst du den Teig ½ cm dick auf ein Backblech und bäckst ihn bei 180 Grad ⊟ 20–25 Minuten. Nach dem Backen mit einem feuchten Küchentuch abdecken und etwas abkühlen lassen. Vom Backpapier lösen und mit Pilz-, Gemüse- oder Spinatfüllung genießen. Für die süße Variante lässt du den Schnittlauch einfach weg und bestreichst die Omeletten mit zuckerfreier Marmelade.

Zutaten

2 Eier
70 g Mandelmehl
180 g pflanzliche „Milch"
40 g Pfeilwurzelmehl
1 kleines Bund Schnittlauch, fein geschnitten
Salz
2 EL neutrales Öl zum Braten
Steinpilzsauce (siehe S. 219)

Zubereitung

1. Die Eier schaumig schlagen.
2. Mandelmehl, pflanzliche „Milch", Pfeilwurzelmehl, Schnittlauch und Salz dazugeben und zu einem dickflüssigen Teig verrühren.
3. 1 EL Öl in einer Pfanne erhitzen, etwa die Hälfte der Masse hineingießen und Omelette auf beiden Seiten braten. Den Vorgang mit dem restlichen Teig wiederholen.
4. Die fertigen Omeletten mit einem feuchten Küchentuch bedecken, damit sie weich bleiben.
5. Mit Pilzsauce füllen und servieren.

glutenfrei

vegetarisch

50 Minuten

3 Portionen

Pfifferling-Soufflé

Dieses Soufflé kannst du außerhalb der Pfifferlingssaison auch mit anderen Pilzen, angebratenem Gemüse oder Käse zubereiten. Ein Soufflé sollte immer sofort serviert werden, da es relativ schnell seine Luftigkeit verliert und dann nicht mehr so schön aussieht.

Zutaten

25 ml neutrales Öl
30 g Pfeilwurzelmehl
125 g pflanzliche „Milch"
Salz
50 g Pfifferlinge, geputzt
25 g Parmesan, gerieben
2 Eigelb
Pfeffer
frische Kräuter, fein gehackt
2 Eiweiß

Zubereitung

1. Den Backofen auf 185 Grad vorheizen.
2. Das Öl in einem kleinen Topf erhitzen, das Pfeilwurzelmehl dazugeben und unter ständigem Rühren erhitzen, sodass eine Mehlschwitze entsteht.
3. Pflanzliche „Milch" und Salz nach und nach zugeben und so lange kochen lassen, bis die Béchamelsauce fertig ist.
4. Pfifferlinge ohne Fett in eine Pfanne geben und so lange anschwitzen, bis die Flüssigkeit verdampft ist.
5. Parmesan, Eigelb, Pfeffer, Kräuter und Pfifferlinge unter die Béchamelsauce rühren. Auskühlen lassen.
6. Eiweiß mit Salz steif schlagen und vorsichtig unter die Pfifferling-Käse-Masse heben.
7. Die Masse in Tassen oder Soufflé-Förmchen füllen und etwa 30 Minuten im Backofen garen. Die Oberfläche sollte leicht gebräunt sein.

Pizza

Pizza ist etwas, worauf ich nicht verzichten möchte. Also habe ich mich darangemacht, eine leichtere, glutenfreie Variante zu zaubern. Nach diesem Rezept backe ich schon seit drei Jahren und liebe es sehr. Kichererbsenmehl ist leichter als eine Vollkornvariante und ich setze es daher manchmal – speziell abends, noch lieber aber mittags – auf den Speiseplan. Statt Sojamehl kannst du auch dieselbe Menge des Proteinpulvers Biomacris (siehe S. 32) und nur 75 g Wasser verwenden. Eine leichte Knoblauchsauce (siehe S. 189) darf zur Pizza auch nicht fehlen. Du kannst die Pizza natürlich nach Lust und Laune mit allem belegen, was dir schmeckt.

Zutaten

100 g Kichererbsenmehl
60 g Sojamehl
20 g Leinsamenmehl
1 Prise Salz
4 EL Olivenöl
100 ml Wasser
100–150 g Tomatensauce (siehe S. 216)
Oregano
1 kleine Zucchini, in Scheiben geschnitten und angebraten
5 Champignons, in Scheiben geschnitten und angebraten
½ Zwiebel, in Ringe geschnitten

Zubereitung

1. Kichererbsenmehl, Sojamehl, Leinsamenmehl und Salz vermengen.
2. Olivenöl und Wasser dazugeben und alles zu einem Teig verkneten. Abgedeckt 10 Minuten ruhen lassen.
3. Eventuell etwas Kichererbsenmehl auf die Arbeitsfläche streuen. Den Teig darauf ausrollen (du kannst ihn auch einfach mit den Fingern etwa ½ cm dick auseinanderziehen) und auf ein mit Backpapier ausgelegtes Backblech legen.
4. Im auf 220 Grad ⊟ vorgeheizten Backofen 5 Minuten backen.
5. Tomatensauce, Oregano, Zucchini, Champignons und Zwiebelringe darauf verteilen und noch einmal 15–20 Minuten backen.

Pur Südtirol

Hier sind wir seit Jahren Stammkunden. Ich liebe es, regionale Betriebe zu unterstützen und ihre Produkte zu kaufen – hier ist das ganz easy. Seitdem man in vier der **fünf Genussmärkte** (in Lana, Bozen, Brixen und Bruneck) sehr viele Dinge unverpackt bekommt, landen noch mehr Leckereien in unserem Einkaufswagen. Mit doppelt gutem Gewissen und Glücksgefühl. Nicht nur die Geschäfte finde ich toll, sondern auch die Menschen dahinter. So habe ich mich mit Pur und der Meraner Mühle zusammengetan und hochwertige Produkte entwickelt, die unheimlich gut schmecken und unserem Körper extrem guttun. Unsere Wohlfühllinie besteht aus einer *feel good*-Pizzamischung, einem *lower carb*-Müsli und einer *lower carb*-Brotbackmischung. Ganz unkompliziert kannst du dir so zu Hause etwas Gutes zaubern und deinen Körper unterstützen. Wichtig sind uns dabei nicht nur die hohe Bioqualität und die wertvollen veganen Inhaltsstoffe, sondern auch der gänzliche Verzicht auf Plastik bei der Verpackung. Darüber hinaus wird jedes Produkt mit viel Liebe von der gwb Sozialgenossenschaft verpackt.

Du findest unsere Bio-Wohlfühlmischungen im Onlineshop von Pur Südtirol und natürlich in allen Märkten sowie weiteren ausgewählten Geschäften.

Weitere Infos zum Unternehmen und zum Onlineshop findest du auf der Homepage www.pursuedtirol.com sowie auf Facebook und Instagram.

Meran | Lana | Bozen
Brixen | Bruneck

www.pursuedtirol.com

glutenfrei

vegan

30 Minuten
+ Ruhezeit

7 Stück

Rote-Bete-Knödel

Ich mag glutenfreie Knödel sehr gerne, nicht nur mit Roter Bete, sondern auch mit Bärlauch oder Spinat. Wie weich die Knödel direkt nach dem Garen sind, hängt von der Brotsorte ab, die du verwendest. Lass sie ruhig etwas abkühlen, ehe du sie aus dem Dampfgarer nimmst und servierst. Du kannst die Knödel mit einer Kümmelsauce oder einem köstlichen Salat servieren.

Zutaten

500 g gegarte Rote Bete oder 200 g rohe Rote Bete
100 ml pflanzliche „Milch"
2 EL Leinsamen, geschrotet
6 EL heißes Wasser
250–300 g Brotbrösel (Brotrezepte findest du ab S. 168)
5 g Flohsamenschalen
Salz
Pfeffer
Kümmel

Zubereitung

1. Rote Bete schälen, klein schneiden und mit der pflanzlichen „Milch" im Mixer pürieren.
2. Leinsamen mit dem heißen Wasser verrühren und etwas quellen lassen.
3. Zusammen mit Brotbröseln, Flohsamenschalen, Salz, Pfeffer und Kümmel zum Rote-Bete-Püree geben und alles gut vermengen.
4. Die Masse 15 Minuten ruhen lassen. Eventuell noch etwas Brotbrösel oder Flüssigkeit dazugeben.
5. Aus der Masse Knödel formen und im Dampfgarer oder in einem Topf mit Dämpfeinsatz 10–15 Minuten garen.

glutenfrei

vegetarisch

25 Minuten
+ Ruhezeit

2 Portionen

Schupfnudeln

Dieses Rezept ist eines meiner beliebtesten Rezepte, auch bei den Kochkursen, die ich gehalten habe. Ich mache meistens Steinpilzsauce (siehe S. 219) dazu. Die Schupfnudeln kannst du darüber hinaus mit Tomatensauce, veganem Ragù oder Erdnusspesto genießen. Spare nicht mit Sauce, denn Leinsamenmehl hat nicht viel Eigengeschmack. Du kannst die Schupfnudeln ebenfalls vegan zubereiten. Dazu ersetzt du das Ei durch 1 EL geschroteten Leinsamen, den du in 3 EL heißem Wasser quellen lässt, und den Ricotta durch eine selbst gemachte oder im Bioladen gekaufte pflanzliche Alternative (siehe mein Buch *Silvis Wohlfühlküche)*. Den Teig kannst du auch zu Gnocchi verarbeiten.

Zutaten

15 g Pfeilwurzelmehl
50 g Leinsamenmehl
Salz
½ Bund Schnittlauch, fein geschnitten
125 g Ricotta oder Topfen
1 Ei
2 EL neutrales Öl zum Anbraten

Zubereitung

1. Pfeilwurzelmehl, Leinsamenmehl, Salz und Schnittlauch vermischen.
2. Ricotta und Ei dazugeben und alles zu einem Teig verkneten.
3. Den Teig 10 Minuten ruhen lassen.
4. Aus dem Teig Schupfnudeln formen und 5 Minuten in kochendem Salzwasser garen.
5. Mit einer Schöpfkelle herausnehmen, gut abtropfen lassen und in Öl auf allen Seiten anbraten.

glutenfrei

vegan

20 Minuten
+ Ruhezeit

2 Portionen

Spinatspatzlen

Spatzlen sind ein schnelles Gericht, das man immer wieder toll variieren kann. Spinatspatzlen kannst du mit Tomatensauce, Grillgemüse, Pilzsauce ... genießen. Wenn sie nicht vegan sein sollen, ersetzt du den Leinsamen einfach durch 1 Ei und lässt das heiße Wasser weg. Lass den Teig wirklich lange genug ruhen, sonst fallen die Spatzlen auseinander.

Zutaten

2 EL Leinsamen, geschrotet
6 EL heißes Wasser
50 g Spinat, püriert
30 g Leinsamenmehl
20 g Pfeilwurzelmehl
30 ml Wasser
Salz

Zubereitung

1. Leinsamen mit dem heißen Wasser verrühren und kurz quellen lassen. Zusammen mit den restlichen Zutaten zu einem dickflüssigen Teig vermengen.
2. Den Teig abgedeckt mindestens 10 Minuten ruhen lassen.
3. Einen Topf mit Salzwasser zum Kochen bringen. Den Teig mit einem Spatzlhobel ins kochende Wasser hobeln. Umrühren und die Spatzlen einmal aufkochen lassen.
4. Die Spatzlen abseihen und mit kaltem Wasser abschrecken. Gut abtropfen lassen.

glutenfrei

vegetarisch

15 Minuten

2 Portionen

Spinat-Taco

Das ist eines der tollsten, neuesten Rezepte von mir. Die Tacos schmecken einfach hervorragend und sind sehr vielseitig. Du kannst sie mit Käse, Tomaten und Béchamelsauce füllen bzw. mit einer leckeren Gemüse- oder Pilzsauce. Du kannst sie aber auch einfach so genießen ... Wenn du die Tacos vegan willst, dann ersetzt du die Eier durch 2 EL geschroteten und mit 6 EL heißem Wasser verrührten Leinsamen, verteilst den Teig auf ein mit Backpapier ausgelegtes Blech und bäckst die Tacos im Backofen bei 180 Grad ⊟ 25–30 Minuten. Damit sie schön weich bleiben, deckst du sie nach dem Backen mit einem feuchten Küchentuch ab.

Zutaten

200 g Spinat
2 Eier
Salz
Pfeffer
Muskatnuss
1 EL Leinsamen, geschrotet
25 g Mandelmehl
2 EL neutrales Öl zum Braten

Zubereitung

1. Den Spinat kurz im kochenden Wasser blanchieren und anschließend im kalten Wasser abschrecken.
2. Den gut ausgedrückten Spinat, Eier, Salz, Pfeffer, Muskatnuss und Leinsamen im Mixer pürieren.
3. Das Mandelmehl dazugeben und unterrühren.
4. Öl in einer Pfanne erhitzen und die Hälfte des Spinatteiges hineingeben. Auf beiden Seiten braten. Den Vorgang mit dem restlichen Teig wiederholen.
5. Die Tacos mit einem feuchten Küchentuch abdecken, damit sie weich bleiben.
6. Die Tacos nach Belieben füllen.

glutenfrei

vegetarisch

35 Minuten
+ Ruhezeit

2 Portionen

Teigtaschen mit Champignons

Diese Teigtaschen sind etwas ganz Leckeres und im Vergleich zum Original sehr wohltuend. Du solltest sie aber immer mit etwas mehr Sauce servieren, da Leinsamenmehl kaum Eigengeschmack hat. Zu den Teigtaschen passen nicht nur Champignons, sondern auch ein veganes Ragù, eine Gemüsesauce, Spinat oder natürlich andere Pilze ... Du kannst diese Teigtaschen auch ganz leicht vegan zubereiten, indem du den Ricotta durch eine pflanzliche Alternative ersetzt.

Zutaten

125 g Ricotta oder Topfen
Salz
30 g Pfeilwurzelmehl
25 g Leinsamenmehl
1 Zwiebel, fein gehackt
1 Knoblauchzehe, fein gehackt
2 EL Öl zum Anbraten
200 g Champignons, in Würfel geschnitten
100 ml pflanzliche Sahne
Salz
Pfeffer
Thymian
Schnittlauch

Zubereitung

1. Ricotta und Salz verrühren.
2. Pfeilwurzel- und Leinsamenmehl vermischen und gut mit dem Ricotta vermengen.
3. Den Teig wenigstens 10 Minuten ruhen lassen.
4. Zwiebel- und Knoblauchwürfel kurz andünsten. Champignons dazugeben und so lange mitdünsten, bis die Flüssigkeit verdampft ist.
5. Mit pflanzlicher Sahne aufgießen, etwas einkochen lassen und mit Salz, Pfeffer und Thymian würzen. Auskühlen lassen.
6. Den Teig ganz vorsichtig ausrollen, dazu eventuell etwas Leinsamenmehl auf die Arbeitsfläche streuen, und Kreise ausstechen.
7. Etwas von den Champignons auf die Teigkreise geben, zusammenfalten und die Ränder mithilfe des Leinsamenmehls fest andrücken.
8. Die Teigtaschen in kochendes Salzwasser geben und 3–4 Minuten garen.
9. Abgießen und in der restlichen Champignonsauce schwenken.

glutenfrei

vegetarisch

15 Minuten
+ Ruhezeit

7 Stück

Topfen-Kräuter-Nocken

Diese Nocken können sowohl als Suppeneinlage als auch mit einer schmackhaften Sauce serviert werden. Verwende am besten neutrales Mandelmehl, das nicht so intensiv schmeckt. Für die vegane Variante ersetzt du den Topfen durch einen selbst gemachten Frischkäse (ein Rezept dazu findest du auf meinem Blog bzw. in meinem Buch *Silvis Wohlfühlküche)* oder eine pflanzliche Alternative aus dem Bioladen.

Zutaten

100 g Topfen
40 g Mandelmehl
5 g Flohsamenschalen
5 g Pfeilwurzelmehl
1 TL Leinsamen, geschrotet
Salz
Pfeffer
frische Kräuter, fein geschnitten

Zubereitung

1. Alle Zutaten in eine Schüssel geben, gut miteinander vermischen und 5 Minuten ruhen lassen.
2. Aus der Masse Nocken formen und in kochendes Salzwasser geben.
3. Etwa 7 Minuten bei mittlerer Hitze köcheln lassen.
4. Mit einer Schaumkelle herausnehmen und als Suppeneinlage oder mit Sauce servieren.

glutenfrei

vegetarisch

30 Minuten
+ Backzeit

2 Portionen

Wrap

Der Wrap gehört zu meinen absoluten Lieblingsrezepten. Ich bereite ihn gerne ohne Eier zu. Statt der Eier verwende ich dann 2 EL geschroteten und mit 6 EL heißem Wasser vermengten Leinsamen. Das Öl lasse ich ganz weg, da der Teig sonst zu flüssig wird, und den Parmesan ersetze ich durch eine pflanzliche Alternative aus dem Bioladen. Auf diese Weise wird der Wrap zu einem leckeren veganen Gericht.

Zutaten

2 Eier
30 ml neutrales Öl
10 g Leinsamen- oder Pfeilwurzelmehl
100 g Parmesan, gerieben
1 kleines Bund Schnittlauch, fein geschnitten
Pfeffer
Salz
1 Zucchini
1 Karotte
½ Paprika
100 g Champignons
1 Zwiebel, fein geschnitten
2 EL neutrales Öl zum Braten
4 EL vegane Mayo (siehe S. 195)
1 Knoblauchzehe, gehackt
1 TL Currypulver
4 Salatblätter

Zubereitung

1. Eier, Öl, Pfeilwurzelmehl, Parmesan, Schnittlauch, Pfeffer und Salz vermengen.
2. Die Masse auf ein mit Backpapier ausgelegtes Backblech geben.
3. Im vorgeheizten Backofen bei 175 Grad ⊛ etwa 15 Minuten backen. Herausnehmen und auskühlen lassen.
4. Das Gemüse waschen und in feine Streifen schneiden.
5. In Öl anbraten und mit Salz und Pfeffer würzen.
6. Vegane Mayo, Knoblauch und Currypulver vermengen. Den Fladen halbieren und beide Hälften damit bestreichen.
7. Die Salatblätter und das Gemüse daraufgeben und zu Wraps rollen.

glutenfrei

vegetarisch

40 Minuten

12 Stück

Blumenkohl-Pizzette

Bei den Buchvorstellungen meines ersten Buches und bei den Kochkursen gab es sehr oft Blumenkohl-Pizzette. Man kann sie so schön variieren und mit allen möglichen Gemüsesorten belegen, gerne auch gegrillt statt gebraten. Sie kamen jedenfalls immer gut an und überzeugten sogar die kritischsten Probanden. Natürlich sind die Blumenkohl-Pizzette auch vegan ein Genuss! Dafür lässt du den Mozzarella einfach weg und verwendest statt der Eier 2 EL geschroteten Leinsamen, den du mit 6 EL heißem Wasser verrührst. Den Parmesan kannst du durch die gleiche Menge gemahlene Mandeln ersetzen, die du mit etwas Salz vermischst.

Zutaten

300 g Blumenkohl
2 Eier
50 g Parmesan, gerieben
Salz
Pfeffer
100 ml Tomatensauce (siehe S. 216)
Oregano
1 Knoblauchzehe, fein gehackt
½ Zwiebel, in Scheiben geschnitten
2 Pilze, in Scheiben geschnitten und angebraten
¼ Zucchini, in Würfel geschnitten und angebraten
1 Kugel Mozzarella, in Würfel geschnitten

Zubereitung

1. Blumenkohl putzen, waschen, in Röschen teilen und im Mixer grob zerkleinern.
2. Den zerkleinerten Blumenkohl in ein Küchentuch geben und gut ausdrücken, damit ihm das Wasser entzogen wird.
3. Mit Eiern, Parmesan, Salz und Pfeffer zu einer homogenen Masse verrühren.
4. Die Masse mithilfe eines Esslöffels so auf ein mit Backpapier ausgelegtes Backblech geben, dass runde, etwa 1 cm dicke Pizzette-Böden entstehen.
5. Etwa 20 Minuten im auf 200 Grad ⊟ vorgeheizten Backofen backen. Umdrehen und noch einmal 5 Minuten backen.
6. Die Tomatensauce mit Oregano, Knoblauch, Salz und Pfeffer würzen.
7. Die Pizzette-Böden damit bestreichen und mit Zwiebelringen, Pilzen, Zucchini und Mozzarella belegen. Im Backofen so lange backen, bis der Käse geschmolzen ist.

glutenfrei

vegan

30 Minuten

2 Portionen

Brokkoli-Curry

Ob du Brokkoli gerne isst oder nicht, dieses Curry wirst du lieben! Du kannst es ohne Beilage essen, mit Brot oder Knäckebrot, mit Selleriepüree oder anderem Gemüse. Wenn du es gerne etwas schärfer hast, gib zum Schluss etwas frisch geriebenen Ingwer dazu. Besonders an kalten Tagen ist das Curry super wärmend und wohltuend. Dein Immunsystem wird sich freuen. Du kannst den Brokkoli auch durch Blumenkohl ersetzen, das schmeckt ebenfalls hervorragend.

Zutaten

200 g Brokkoli
1 Zwiebel, fein geschnitten
1 Knoblauchzehe, fein gehackt
2 EL neutrales Öl zum Anbraten
2 TL Currypaste
400 ml Wasser
50 ml pflanzliche Sahne
1 EL Erdnüsse

Zubereitung

1. Brokkoli waschen und in Röschen schneiden.
2. Zwiebel- und Knoblauchwürfel in Öl andünsten. Currypaste dazugeben und kurz mitbraten lassen.
3. Die Brokkoliröschen dazugeben und ebenfalls etwas mitbraten.
4. Mit Wasser und pflanzlicher Sahne aufgießen und etwa 15 Minuten köcheln lassen.
5. Vor dem Servieren mit Erdnüssen bestreuen.

glutenfrei

vegetarisch

30 Minuten

2 Portionen

Club-Sandwich

Dieses Club-Sandwich ist genau das Richtige für deinen Körper. Es sieht zwar schwer und mächtig aus, ist aber gesund und leicht. Es gibt dir alles, was dein Körper braucht. Für mich gehört dieses Rezept unbedingt zu meinen Favoriten. Gib einfach rein, was immer du gerne magst – auch vegan, also ohne Eier und Käse, ist das Sandwich lecker. Du kannst das Ei und den Käse durch mehr Grillgemüse und mehr von den Saucen ersetzen.

Zutaten

1 Laib Körnerbrot (siehe S. 170)
etwas Ketchup (siehe S. 190)
etwas vegane Mayo (siehe S. 195)
½ Knoblauchzehe, gehackt
¼ Paprika, in Streifen geschnitten
½ Zwiebel, in Ringe geschnitten
½ Zucchini, in Streifen geschnitten
Salz
Pfeffer
2 Eier
1 Handvoll Feldsalat
1 Tomate, in Scheiben geschnitten
4 Scheiben Käse

Zubereitung

1. Körnerbrot in dünne Scheiben schneiden.
2. Ketchup, Mayo und Knoblauch zu einer Cocktailsauce verrühren.
3. Paprika, Zwiebelringe und Zucchini in einer Pfanne grillen und mit Salz und Pfeffer würzen.
4. Die Eier vorsichtig aufschlagen, in eine Pfanne gleiten und bei mittlerer Hitze stocken lassen. Vorsichtig umdrehen und auf der anderen Seite ebenfalls kurz braten. Die Spiegeleier abkühlen lassen und in Streifen schneiden.
5. Eine Scheibe Körnerbrot mit Cocktailsauce bestreichen und den Salat darauf verteilen. Mit gegrilltem Gemüse, Spiegelei, Tomatenscheiben und Käse belegen und mit einer zweiten Körnerbrotscheibe bedecken. Quer halbieren.

glutenfrei | vegan | 30 Minuten | 2 Portionen

Cremiges Gemüse-Curry

Dieses Curry gehört zu meinen liebsten Gerichten. Dazu ein Salat – für mich mittags gerne auch mal mit Amarant, Hirse oder Reis – und fertig ist die gesunde Mahlzeit. Beim Gemüse für das Curry hast du freie Wahl. Du kannst alles nehmen, was dir schmeckt. Gut passen z. B. Brokkoli, Fenchel und Aubergine. Solltest du das Gemüse-Curry nicht auf einmal aufessen, kannst du die Reste zum Füllen von Wraps (siehe S. 87) verwenden. Wahnsinnig lecker!

Zutaten

1 Paprika
3 Karotten
2 Zucchini
90 g Bambussprossen
½ Lauchstange, in Scheiben geschnitten
1 Knoblauchzehe, fein gehackt
2 EL neutrales Öl zum Anbraten
350 ml Kokosmilch
Currypulver
Pfeffer
Salz
Sojasauce
Kurkuma
schwarzer Sesam

Zubereitung

1. Paprika, Karotten und Zucchini putzen, eventuell schälen und klein schneiden. Die Bambussprossen unter kaltem Wasser abbrausen.
2. Lauch und Knoblauch in Öl farblos anschwitzen.
3. Das Gemüse dazugeben und kurz mitdünsten lassen.
4. Mit Kokosmilch aufgießen und so lange köcheln lassen, bis das Gemüse weich ist.
5. Mit Currypulver, Pfeffer, Salz, Sojasauce und Kurkuma würzen.
6. Vor dem Servieren mit Sesam bestreuen.

glutenfrei

vegetarisch

30 Minuten

1 Auflaufform

Frittata

Immer wieder lecker: Frittata. Sie ist schnell gemacht und unglaublich vielfältig. Du kannst dafür einfach alles verwenden, was dir schmeckt, z. B. Paprika, Blumenkohl, Brokkoli, Aubergine, Pilze.

Zutaten

60 ml pflanzliche „Milch"
3 Eier
1 kleines Bund Schnittlauch, fein geschnitten
Salz
Pfeffer
2 EL Öl zum Anbraten
1 Zwiebel, fein geschnitten
1 Zucchini, in Scheiben geschnitten
5 Cocktailtomaten, in Viertel geschnitten

Zubereitung

1. Pflanzliche „Milch", Eier, Schnittlauch, Salz und Pfeffer in einer Schüssel gut verquirlen.
2. Öl in einer Pfanne erhitzen. Zwiebelwürfel und Zucchini darin andünsten.
3. Kurz vor Ende der Garzeit die Tomaten dazugeben und etwas mitdünsten lassen.
4. Das Gemüse zur Ei-Mischung geben, gut unterrühren und in eine kleine Auflaufform gießen.
5. Im auf 200 Grad ⊟ vorgeheizten Backofen 15–20 Minuten garen.

glutenfrei

vegan

50 Minuten

2 Portionen

Gefüllte Champignons

Diese Champignons sind super zum Aperitif oder als Partysnack. Ich liebe die Variante mit Spinat. Aber auch die mit Ricotta und Kräutern gefüllten Champignons aus meinem Buch *Silvis Wohlfühlküche* sind ein Traum. Versuche einfach beide Rezepte und bring ein wenig Abwechslung auf den Tisch.

Zutaten

150 g Spinat
100 ml pflanzliche „Milch"
1 EL Pfeilwurzelmehl zum Binden (optional)
1 Lorbeerblatt
20 große Champignons
1 Zwiebel, fein geschnitten
1 Knoblauchzehe, fein gehackt
1 EL neutrales Öl zum Anbraten
Salz
Pfeffer

Zubereitung

1. Spinat kurz im kochenden Wasser blanchieren, anschließend mit kaltem Wasser abschrecken. Im Mixer fein pürieren.
2. Die pflanzliche „Milch" etwas erwärmen und den Spinat dazugeben. Kurz aufkochen lassen. (Eventuell mit Pfeilwurzelmehl binden, damit sich die Champignons leichter füllen lassen.) Lorbeerblatt zum Spinat geben, vom Herd nehmen und auskühlen lassen.
3. Die Champignons putzen. Die Stiele vorsichtig herausdrehen und in kleine Würfel schneiden.
4. Zwiebel- und Knoblauchwürfel im Öl farblos anschwitzen, Champignonstiele dazugeben und mitdünsten. Mit Salz und Pfeffer würzen und zum Spinat geben.
5. Das Lorbeerblatt entfernen und die Champignons mit der Spinat-Champignon-Masse füllen. In eine Auflaufform oder auf ein mit Backpapier ausgelegtes Backblech setzen.
6. Im auf 180 Grad ⊟ vorgeheizten Backofen etwa 25 Minuten garen.

glutenfrei

vegan

75 Minuten

2 Portionen

Gemüsebratl

Das Bauernbratl war für mich immer eines meiner Lieblingsgerichte, das meine Oma gekocht hat. Da ich das Fleisch schon damals nicht gegessen habe, war es auch nicht schwierig, es bei meiner Interpretation dieses Gerichtes erst gar nicht zu verwenden. Geschmacklich ändert das nichts, im Gegenteil. Genieße das gesündere Gericht, und du wirst merken, wie gut es deinem Körper tut. Natürlich kannst du für das Bratl auch andere Gemüsesorten verwenden.

Zutaten

1 Zwiebel, fein geschnitten
1 Knoblauchzehe, fein gehackt
2 EL Öl zum Anbraten
2 Karotten
7–8 Topinamburknollen
1 EL Tomatenmark
1 Schuss Rotwein
1½ l Wasser
Salz
Pfeffer
frische Kräuter, fein geschnitten

Zubereitung

1. Zwiebel- und Knoblauchwürfel in Öl andünsten.
2. Karotten und Topinambur schälen, in etwa ½ cm dicke Scheiben schneiden, dazugeben und etwas mitbraten lassen.
3. Tomatenmark zufügen und mit Rotwein ablöschen.
4. Mit Wasser aufgießen. Salzen, pfeffern und zugedeckt etwa 1 Stunde langsam köcheln lassen, bis die Karotten und der Topinambur weich sind.
5. Kräuter dazugeben und alles kurz ziehen lassen.

glutenfrei

vegetarisch

20 Minuten

10 Stück

Gemüserösti

Gemüserösti sind vielfältig und zeigen, wie bunt gesunde Gerichte sein können. Du kannst dafür alle Gemüsesorten nehmen, die dir schmecken. Rösti sind eine tolle Beilage, aber du kannst sie auch kalt mit einem Knoblauchdip oder einer Sauce servieren. Als Ersatz für den Fleischpatty im Burger oder als Zutat im Club-Sandwich machen sie ebenfalls eine super Figur. Vegan werden die Rösti, wenn du das Ei durch 1 EL geschroteten Leinsamen ersetzt, den du mit 3 EL heißem Wasser verrührst. Allerdings solltest du die Rösti dann etwas kleiner formen, damit du sie beim Anbraten leichter wenden kannst. Eine andere Möglichkeit ist, das Ei durch 1 EL Kichererbsenmehl und etwa 50 ml pflanzliche „Milch" zu ersetzen.

Zutaten

2 Karotten
1 Zucchini
1 Zwiebel
1 Knoblauchzehe, fein gehackt
1 kleines Bund Schnittlauch, fein geschnitten
1 Ei
Salz
Pfeffer
2 EL neutrales Öl zum Braten

Zubereitung

1. Karotten, Zucchini und Zwiebel waschen, schälen und getrennt raspeln. Die Zucchini mit den Händen gut ausdrücken und alles in eine Schüssel geben.
2. Knoblauch, Schnittlauch, Ei, Salz und Pfeffer zum Gemüse geben und gut vermengen.
3. Aus der Masse kleine Rösti formen und auf beiden Seiten in Öl braten.

glutenfrei | vegan | 30 Minuten | 2 Portionen

Karottenspaghetti mit Erdnusssauce

Dieses Gericht ist lecker, leicht und absolut ideal für deinen Körper. Gemüsespaghetti kannst du aus vielen Gemüsesorten machen, nicht nur aus Karotten. Probiere mal Rote-Bete-Spaghetti mit Kümmelsauce – lecker, sage ich dir. Die Erdnusssauce kannst du auch als Dip verwenden. Du brauchst dann allerdings weniger Wasser, also nur 150 ml statt 200 ml.

Zutaten

5 mittelgroße Karotten
3 EL neutrales Öl zum Anbraten
1 EL Sesamöl
1 Zwiebel, fein geschnitten
1 Knoblauchzehe, gehackt
100 g Erdnüsse
1 EL Sojasauce
200 ml Wasser
1 Prise Salz
Pfeffer
Schnittlauch, fein geschnitten

Zubereitung

1. Karotten schälen und mit einem Spiralschneider in Spaghetti oder mit einem Messer in feine Streifen schneiden.
2. Karottenspaghetti in 2 EL Öl gut anbraten.
3. Das restliche Öl zusammen mit Sesamöl in eine zweite Pfanne geben und die Zwiebel- und Knoblauchwürfel darin andünsten.
4. Erdnüsse zufügen und mitbraten lassen.
5. Mit Sojasauce ablöschen und mit Wasser aufgießen.
6. Salzen, pfeffern und im Mixer fein pürieren.
7. Karottenspaghetti mit Erdnusssauce vermischen und mit Schnittlauch bestreuen.

glutenfrei

vegetarisch

40 Minuten

2 Portionen

Auberginentürmchen

Auberginen mag ich am liebsten als Türmchen, und zwar mit Gemüse und Tomatensauce. Du kannst den Mozzarella gerne weglassen. Vegan ist das Rezept auch absolut genial und gesund. Ganz schnell gehen die Türmchen ohne Füllung. Das heißt, du brätst die Auberginenscheiben einfach kurz an und genießt sie mit Tomatensauce. Kalt serviert ist das ein super Sommergericht.

Zutaten

2 kleine Auberginen
4 EL neutrales Öl zum Anbraten
1 Zwiebel, fein geschnitten
1 Knoblauchzehe, fein gehackt
50 g gelbe Paprika, in Würfel geschnitten
50 g rote Paprika, in Würfel geschnitten
1 kleine Zucchini, in Würfel geschnitten
1 TL Tomatenmark
70 ml Tomatensauce (siehe S. 216)
Salz
Pfeffer
Thymian
50 g Mozzarella, in Würfel geschnitten

Zubereitung

1. Auberginen putzen und in 1 cm dicke Scheiben schneiden.
2. Öl in einer Pfanne erhitzen und Auberginen darin anbraten. Herausnehmen und beiseitestellen.
3. Zwiebel- und Knoblauchwürfel in derselben Pfanne farblos anschwitzen.
4. Paprika und Zucchini dazugeben und kurz mitdünsten lassen.
5. Tomatenmark zufügen und etwas anrösten.
6. Tomatensauce zugeben und mit Salz, Pfeffer und Thymian würzen.
7. Auberginenscheiben mit Gemüseragout und Mozzarella zu vier Türmchen schichten, immer mit Auberginen abschließen.
8. Die Türmchen auf ein mit Backpapier ausgelegtes Backblech setzen.
9. Etwa 20 Minuten im auf 180 Grad vorgeheizten Backofen garen.
10. Zusammen mit dem restlichen Gemüseragout servieren.

glutenfrei

vegetarisch

60 Minuten

2 Portionen

Panierter Spargel

Dieser panierte Spargel ist wirklich etwas Leckeres und tut darüber hinaus deinem Körper gut, besonders mit dem selbst gemachten Dip. Für die vegane Variante ersetzt du beim Panieren das Ei durch etwa 100 ml pflanzliche „Milch" und lässt den Käse weg. Nimm aber ruhig ein paar Zucchinischeiben mehr zum Umwickeln. Spätestens wenn du den Spargel in die Knoblauchsauce dippst, wird dir der Käse nicht mehr fehlen.

Zutaten

250 g weißer Spargel
250 g grüner Spargel
Salz
1 EL Weißwein
1 Scheibe Zitrone
1 Ei
100 g Sesam
6 Käsescheiben
6 Zucchinischeiben, angebraten
Knoblauchsauce (siehe S. 189)

Zubereitung

1. Beide Spargelsorten waschen. Den weißen Spargel schälen und die holzigen Enden abschneiden.
2. Einen Topf mit Wasser zum Kochen bringen. Salz, Weißwein und Zitrone dazugeben.
3. Den Spargel zufügen, bissfest kochen, herausnehmen und abtropfen lassen.
4. Das Ei verquirlen und salzen. Den Sesam im Mörser oder Mixer zerkleinern.
5. Immer 2–3 Spargelstangen mit einer Scheibe Käse und einer Scheibe Zucchini umwickeln. Durch das verquirlte Ei ziehen und mit Sesam panieren.
6. Die Spargelpäckchen auf ein mit Backpapier ausgelegtes Backblech geben und im auf 220 Grad ▭ vorgeheizten Backofen 15–20 Minuten garen.
7. Den Spargel zusammen mit Knoblauchsauce servieren.

glutenfrei

vegan

45 Minuten

1 Blech

Panierte Zucchini-Sticks

Lecker, gesund und wohltuend sind die Zucchini-Sticks mit einem passenden Dip aus veganer Curry-Mayo. Du kannst auf die im Rezept beschriebene Art ganz easy aus fast jedem Gemüse, z. B. aus Blumenkohl, Karotten oder Sellerie, Sticks zaubern. Die Panade hält noch besser, wenn du statt der pflanzlichen „Milch" 2 verquirlte Eier verwendest. Dann ist das Gericht allerdings nicht mehr vegan.

Zutaten

1 große Zucchini
100 g Sesam
Salz
Pfeffer
Kurkuma
100 ml pflanzliche „Milch"
vegane Mayo (siehe S. 195)
Currypulver

Zubereitung

1. Zucchini waschen und in etwa 1 cm dicke Stifte schneiden.
2. Sesam im Mörser oder Mixer zerkleinern und mit Salz, Pfeffer und Kurkuma vermengen.
3. Die Zucchini-Sticks durch die pflanzliche „Milch" ziehen und mit Sesamgemisch bestreuen. Achtung: Wenn der Sesam zu nass wird, bleibt er nicht mehr an den Sticks kleben!
4. Die Sticks auf ein mit Backpapier ausgelegtes Backblech legen und 25–30 Minuten bei 200 Grad ⊟ backen.
5. Die vegane Mayo mit Salz und Currypulver verrühren und zu den Sticks servieren.

glutenfrei

vegetarisch

45 Minuten

2 Portionen

Parmigiana di melanzane

Früher mochte ich Auberginen überhaupt nicht. Erst vor einigen Jahren habe ich mich langsam an dieses Gemüse herangetastet. Inzwischen liebe ich es sogar, vor allem in Kombination mit Tomatensauce. Du kannst statt Auberginen auch Zucchini verwenden.

Zutaten

1 Aubergine (etwa 500 g)
Salz
2 EL Öl zum Anbraten
2 Kugeln Mozzarella, in Scheiben geschnitten
etwa 400 ml Tomatensauce (siehe S. 216)
50 g Parmesan, gerieben

Zubereitung

1. Die Aubergine in etwa ½ cm dicke Scheiben schneiden, auf beiden Seiten salzen, 10 Minuten ziehen lassen und anschließend gut abtrocknen.
2. Öl in einer Pfanne erhitzen und die Auberginenscheiben darin goldbraun anbraten.
3. Auberginenscheiben, Mozzarella, Tomatensauce und Parmesan abwechselnd in eine gefettete Auflaufform schichten. Den Vorgang so lange wiederholen, bis alle Zutaten aufgebraucht sind.
4. Im vorgeheizten Backofen bei 160 Grad ⊛ etwa 20 Minuten garen.

glutenfrei

vegetarisch

35 Minuten

7 Stück

Pizza-Muffins

Die Pizza-Muffins sind auch bei meinen Kindern sehr beliebt. Sie sind super zum Picknick, als Häppchen zum Aperitif und crashen jede Party! Du kannst sie auch ganz einfach vegan zubereiten, indem du den Topfen durch veganen Frischkäse ersetzt (ein Rezept dazu findest du in meinem Kochbuch *Silvis Wohlfühlküche)* und den Parmesan weglässt. Allerdings solltest du den Teig dann etwas mehr würzen. Anstelle von Mandelmehl kannst du Mandeln oder Nüsse verwenden, nimm einfach etwas mehr davon. Ganz wichtig ist, dass die Muffins nach dem Backen in der Form auskühlen, damit sie sich herauslösen lassen.

Zutaten

150 g Topfen
15 ml Olivenöl
50 ml Wasser
100 g Mandelmehl
100 g Parmesan, gerieben
Salz
Pfeffer
Oregano
Tomatensauce (siehe S. 216)

Zubereitung

1. Topfen, Olivenöl und Wasser vermengen.
2. Mandelmehl und Parmesan unterrühren und gut vermischen. Mit Salz, Pfeffer und Oregano würzen.
3. Die Masse in Muffinförmchen aus Papier füllen und auf ein Backblech stellen.
4. Im auf 160 Grad vorgeheizten Backofen 20–25 Minuten backen.
5. Herausnehmen, auskühlen lassen und mit Tomatensauce servieren.

glutenfrei

vegan

35 Minuten

2 Portionen

Selleriepüree

Dieses Püree ist etwas Feines – es ist glutenfrei, leicht, vegan und absolut zu empfehlen! Du kannst es als Beilage zum Brokkoli-Curry oder mit einer tollen Gemüse- oder Pilzsauce servieren. Oder du löffelst es einfach nur pur. Natürlich kannst du auch andere Gemüsesorten unter das Püree mischen.

Zutaten

1 kleiner Knollensellerie
1 Zwiebel, fein geschnitten
1 Knoblauchzehe, gehackt
2 EL Öl zum Anbraten
250 ml pflanzliche „Milch"
Salz
Muskat
Pfeffer

Zubereitung

1. Den Knollensellerie schälen und in grobe Würfel schneiden.
2. Zwiebel- und Knoblauchwürfel in Öl anschwitzen. Sellerie dazugeben und ebenfalls andünsten.
3. Mit pflanzlicher „Milch" aufgießen und etwa 20 Minuten köcheln lassen.
4. Mit Muskat, Salz und Pfeffer würzen und im Mixer fein pürieren.

glutenfrei

vegan

15 Minuten

2 Portionen

Silvis Lieblingssalat

Ich habe bis zu meinem 28. Lebensjahr versucht, Salat zu mögen. Ich habe ihn immer wieder gekostet – in allen möglichen Farben und Formen – und leider feststellen müssen: Das wird wohl nix. Bis zum heurigen Jahr (2022). Ich hatte wieder einmal den unglaublichen Drang, Salat zu probieren. Ich wollte einfach nicht wahrhaben, dass ich diese grüne Superfood-Bombe nicht mag. Mein Mann hat mir also diesen Salat gemacht, voller Hoffnung und mit ganz viel Liebe. Und siehe da, er schmeckte nicht mal mehr so schlimm wie bisher. Mittlerweile ist Salat ein Hauptbestandteil meiner Ernährung. Ich liebe ihn sogar. Zum Glück habe ich niemals aufgegeben und einen Mann, der mich bei allem so unterstützt.

Zutaten

1 Zucchini
5 Champignons
2 Handvoll verschiedene grüne Salate
100 g Cashewnüsse, gehackt
Hanfsamen
Salz
Sesam
frische Kräuter, fein geschnitten
2–3 EL Balsamico- oder Fruchtessig
4 EL Olivenöl
1–2 EL vegane Mayo (siehe S. 195)

Zubereitung

1. Zucchini und Champignons in Scheiben schneiden und in Öl gut anbraten.
2. Salat waschen, trocken schleudern und in Streifen schneiden.
3. Alles in eine Schüssel geben und mit Cashewnüssen, Hanfsamen und Sesam bestreuen.
4. Kräuter, Essig, Olivenöl und Mayo zu einem Dressing verrühren und über den Salat träufeln.

L'insalatina

Cool. Verrückt. Gesund.

Wir haben 2022 und diese drei Wörter beschreiben meiner Meinung nach unsere aktuelle Welt sehr gut. Gesund und verrückt ist nämlich endlich auch cool. Menschen, die genau das verkörpern, liebe ich einfach. Daher ist es auch nicht verwunderlich, dass ich dir hier Viktoria Forcher und Markus Stocker, die von allen nur Jacky und Vicky genannt werden, sowie ihr tolles Team von **L'insalatina in Meran** vorstelle. Wenn man vor der Tür steht, hat man bereits ein unglaubliches Bedürfnis sich hinzusetzen und die Welt um sich herum bei Kaffee, goldener Milch und gesundem Snack einfach mal zu vergessen, sich mit Freunden zu unterhalten und einfach eine gute Zeit zu verbringen. Alles lädt dazu ein, den inneren Druck, den die Außenwelt oft verursacht, einfach mal loszulassen. Zum Frühstück gibts vegane Croissants, Waffeln, Avocado-Toast, eine Frühstücksbowl, die du dir selbst zusammenstellen kannst, oder noch viele andere gesunde Leckereien. Mittags kommst du rein und hast eine mega Auswahl an gesunden Salaten, die du dir ebenfalls nach Lust und Laune zusammenstellen kannst, verschiedenen Currys mit Gemüse und Reis, warmen Suppen, wenn es kälter wird ... Kurz: Hier wirst du mit gutem Essen verwöhnt, das nicht nur satt macht, sondern deinem Körper unendlich guttut und ihn auf allen Ebenen nährt. Alle Mitarbeiter strahlen genau das aus, man spürt diese gute Energie sofort und will gar nicht mehr gehen.

www.insalatina.com
www.jackandking.it

Jacky liebt es, Menschen einen Wohlfühlort zu bieten, und hat einfach noch ein weiteres Projekt verwirklicht: das Geschäft **Jack & King in Partschins.** Wie du dir denken kannst, bekommst du dort aber nicht nur geile Kleidung, sondern kannst außerdem an der gemütlichen Bar sitzen, dir deinen Bart stutzen und dich sogar tätowieren lassen. Auch hier kannst du einfach eine gute Zeit verbringen, und wenn du dann Hunger hast, weißt du ja bereits wohin.

Du findest das L'insalatina mit allen Infos auf Facebook, Instagram und unter www.insalatina.com. Den Jack-and-King-Store findest du auf www.jackandking.it sowie auf Social Media.

glutenfrei

vegetarisch

55 Minuten

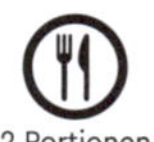
2 Portionen

Spinatroulade

Wenn du die Zucchiniroulade schon probiert hast, dann weißt du vielleicht, wie lecker sie ist. Deshalb kommt hier noch eine Variante mit Spinat, die ebenfalls unglaublich gut schmeckt und gesund ist, vor allem in Kombination mit Leinsamen. Wenn du die Spinatroulade vegan zubereiten willst, lässt du das Ei einfach weg und verdoppelst dafür die Menge des Leinsamens und des heißen Wassers.

Zutaten

500 g Spinat
1 EL Leinsamen, geschrotet
3 EL heißes Wasser
1 Ei
1 Zwiebel, fein geschnitten
1 Knoblauchzehe, fein gehackt
2 EL neutrales Öl zum Anbraten
1 Karotte, in Würfel geschnitten
1 Zucchini, in Würfel geschnitten
Salz
Pfeffer
Tomatensauce (siehe S. 216)
Sprossen zum Garnieren

Zubereitung

1. Den Spinat blanchieren und im kalten Wasser abschrecken. Den tropfnassen Spinat im Mixer fein pürieren.
2. Leinsamen mit heißem Wasser vermengen und etwas quellen lassen. Zusammen mit dem Ei zum Spinat geben und gut verrühren.
3. Die Masse etwa 1 cm dick auf ein mit Backpapier ausgelegtes Backblech streichen.
4. 35–40 Minuten im auf 180 Grad ⊟ vorgeheizten Backofen backen.
5. Zwiebel-und Knoblauchwürfel im Öl anbraten.
6. Karotten- und Zucchiniwürfel dazugeben und mitdünsten lassen. Mit Salz und Pfeffer würzen.
7. Das Gemüse in die Mitte der Roulade geben und mithilfe des Backpapiers aufrollen.
8. Mit frischen Sprossen garnieren und mit Tomatensauce servieren.

glutenfrei

vegan

40 Minuten

2 Portionen

Topinambur-Chips mit Curry-Dip

Topinambur-Chips sind einfach krass gut. Wenn man sie noch dazu in eine gute Sauce dippen kann, sind sie unschlagbar, auch als Beilage bei der nächsten Grillparty.

Zutaten

1 Zwiebel, fein geschnitten
2 Knoblauchzehen, gehackt
2 EL neutrales Öl zum Anbraten
½ TL Chili- oder Currypaste
1 EL Sojasauce
140 g Ketchup (siehe S. 190)
140 ml Wasser
2 EL Currypulver
500 g Topinambur
1 Prise Salz
2 EL Olivenöl

Zubereitung

1. Zwiebel- und Knoblauchwürfel in Öl anschwitzen, Chilipaste dazugeben, kurz mitrösten und mit Sojasauce ablöschen.
2. Ketchup, Wasser und Currypulver zugeben und alles ein paar Minuten köcheln lassen.
3. Topinambur in dünne Scheiben schneiden, salzen und 10 Minuten im Wasser ziehen lassen. Mit einem Küchentuch gut abtupfen.
4. Die Topinamburscheiben mit Olivenöl bestreichen und gleichmäßig auf zwei mit Backpapier ausgelegte Backbleche legen.
5. Die Chips 20–25 Minuten im auf 200 Grad vorgeheizten Backofen knusprig backen.
6. Zusammen mit dem Curry-Dip servieren.

glutenfrei

vegetarisch

30 Minuten

2 Portionen

Zoodles-Carbonara

Zucchininudeln sind ein so einfaches Wohlfühlgericht und auch vegan – mit Tomatensauce oder veganem Ragù – extrem lecker. Zur Pilz-Carbonara wird das Rezept, wenn du mit den Zwiebel- und Knoblauchwürfeln noch 100 g in Scheiben geschnittene Pilze brätst. Du kannst zum Schluss auch andere frische Kräuter unter die Carbonara mischen.

Zutaten

4 Zucchini
4 EL Öl zum Anbraten
40 g Parmesan
150 ml pflanzliche Sahne
1 Eigelb
½ Bund Schnittlauch, fein geschnitten
Salz
Pfeffer
1 Zwiebel, fein geschnitten
1 Knoblauchzehe, gehackt
2 EL Nüsse, geröstet

Zubereitung

1. Die Zucchini mit einem Spiralschneider in dünne Spaghetti schneiden und in 2 EL Öl scharf anbraten.
2. Den Parmesan mit pflanzlicher Sahne, Eigelb und Schnittlauch verrühren und mit Salz und Pfeffer würzen.
3. Das restliche Öl in einer Pfanne erhitzen. Zwiebel- und Knoblauchwürfel darin anbraten. Die Zoodles zugeben und alles gut vermischen.
4. Vom Herd nehmen und die Parmesan-Ei-Mischung unterrühren.
5. Mit gerösteten Nüssen bestreut servieren.

glutenfrei

vegetarisch

25 Minuten

2 Portionen

Zucchiniroulade

Das hier ist wohl eines meiner beliebtesten Rezepte. So vielfältig und genial. Im Sommer solltet ihr das Rezept unbedingt mit frischen Pfifferlingen probieren. Du kannst die Roulade mit allem füllen, was dir schmeckt! Für eine vegane Variante ersetzt du die Eier durch 2 EL geschroteten Leinsamen, den du mit 6 EL heißem Wasser vermengst. Diesen Ei-Ersatz gibst du einfach zu den geraspelten Zucchini. Den Parmesan lässt du weg und würzt nur mit Salz und Pfeffer. Aus der Masse kleine Pizzette formen, auf ein mit Backpapier ausgelegtes Backblech setzen und etwa 30 Minuten bei 180 Grad backen. Anschließend belegen.

Zutaten

3–4 Zucchini
50 g Parmesan, gerieben
2 Eier
Salz
Pfeffer
2 Kugeln Mozzarella
6 Cocktailtomaten
Parmesan, gerieben, zum Garnieren

Zubereitung

1. Die Zucchini raspeln, in ein Küchentuch geben und gut ausdrücken.
2. Mit Parmesan, Eiern, Salz und Pfeffer vermengen und die Masse etwa 1 cm dick auf ein mit Backpapier ausgelegtes Backblech streichen.
3. Etwa 10 Minuten im auf 180 Grad ⊟ vorgeheizten Backofen backen.
4. Mozzarella und Tomaten in kleine Würfel schneiden und auf dem Teig verteilen.
5. Noch einmal backen, bis der Käse geschmolzen ist.
6. Aus dem Backofen nehmen und die Roulade mithilfe des Backpapiers aufrollen.
7. Die Roulade in Scheiben schneiden und mit Parmesan bestreut servieren.

glutenfrei

vegan

55 Minuten

5-6 Schnitten

Brownies

Diese Brownies schmecken einfach himmlisch schokoladig und sind schnell gemacht. Probiere das Rezept unbedingt aus!

Zutaten

15 g Leinsamen, geschrotet
45 ml heißes Wasser
40 g Bitterschokolade (mind. 85 % Kakaoanteil)
100 g Mandelmehl
100 g Kokosmehl
1 TL Backpulver
1 Prise Salz
40 g ungesüßtes Kakaopulver
150 g Zuckerersatzstoff
150 g Kokosöl
250 ml pflanzliche „Milch"
Kokosraspeln zum Garnieren

Zubereitung

1. Leinsamen mit heißem Wasser vermengen und ein paar Minuten quellen lassen.
2. Bitterschokolade über dem Wasserbad schmelzen.
3. Mandelmehl, Kokosmehl, Backpulver, Salz, Kakaopulver und Zuckerersatzstoff vermengen, Kokosöl dazugeben.
4. Pflanzliche „Milch", geschmolzene Bitterschokolade und Leinsamen unter die Mehl-Kokosöl-Mischung rühren.
5. Die Masse in eine mit Backpapier ausgelegte Auflaufform (25 x 15 cm) füllen und im vorgeheizten Backofen bei 175 Grad 30–35 Minuten backen.
6. Aus dem Backofen nehmen, mit Kokosraspeln bestreuen und auskühlen lassen.

glutenfrei

vegan

30 Minuten

2 Portionen

Apfel-Zimt-Crumble

Ein Crumble ist immer etwas Feines. Besonders toll ist er, wenn er nicht nur leicht und gesund ist, sondern deinem Körper guttut. Du kannst den Crumble auch mit verschiedenen Beeren oder Bitterschokoladenstückchen machen. Lass deiner Fantasie freien Lauf!

Zutaten

50 g Mandeln, gerieben
20 ml neutrales Öl
15 g Zuckerersatzstoff
1 Prise Salz
1 Apfel
1 Msp. Zimt

Zubereitung

1. Mandeln, Öl, Zuckerersatzstoff und Salz zu einem Teig verkneten.
2. Den Apfel raspeln und mit Zimt vermischen.
3. Die Hälfte des Teiges auf zwei ofenfeste Gläser verteilen, jeweils eine Hälfte des Apfel-Zimt-Gemischs daraufgeben und den restlichen Crumbleteig darüberbröseln.
4. Im auf 170 Grad vorgeheizten Backofen 10–15 Minuten backen.

glutenfrei

vegetarisch

30 Minuten
+ Ruhezeit

4 Stück

Erdbeerknödel

Du kannst diese Knödel auch mit Zwetschgen oder Aprikosen füllen, je nach Saison. Den Topfen kannst du durch Skyr oder veganen Quark ersetzen.

Zutaten

125 g Topfen
50 g Zuckerersatzstoff
25 g Pfeilwurzelmehl
1 Ei
10 g Flohsamenschalen
60 g Mandelmehl
4 Erdbeeren
50 g Haselnüsse, gerieben
1 EL Zimt

Zubereitung

1. Topfen, 30 g Zuckerersatzstoff, Pfeilwurzelmehl, Ei, Flohsamenschalen und Mandelmehl verrühren. Den Teig etwa 10 Minuten abgedeckt ruhen lassen.
2. Aus der Masse Knödel formen. Eine Erdbeere hineindrücken und den Teig fest verschließen.
3. Die Knödel 7–10 Minuten bei mittlerer Hitze im kochenden Wasser garen. Mit einer Schöpfkelle herausnehmen und abtropfen lassen.
4. Haselnüsse, Zimt und den restlichen Zuckerersatzstoff in einer Schale vermischen und die Knödel darin wälzen.

glutenfrei

vegan

5 Minuten

2 Portionen

Früchtesorbet

Im Sommer ist ein Sorbet oder Eis etwas Tolles und Erfrischendes. Ein Sorbet ist nicht nur schnell selbst gemacht, sondern auch noch gesund. Du kannst dafür die verschiedensten Früchte einfrieren und dir so dein eigenes buntes Sorbet zusammenmischen.

Zutaten

350 g TK-Beeren
120 ml pflanzliche „Milch"
30 g Zuckerersatzstoff

Zubereitung

Die gefrorenen Beeren mit pflanzlicher „Milch" und Zuckerersatzstoff etwa 30 Sekunden im Mixer pürieren und sofort genießen.

Haselnussmakronen

Haselnussmakronen sind eines meiner einfachsten und schnellsten süßen Rezepte. Auch wenn sie stark an Weihnachten erinnern, kann man sie das ganze Jahr über genießen.

Zutaten

1 EL Leinsamen, geschrotet
3 EL heißes Wasser
½ Vanilleschote
25 g Zuckerersatz
80 g Haselnüsse, gerieben
1 Prise Salz
1 Prise Zimt
20 ml Wasser
10 ganze Haselnüsse

Zubereitung

1. Den Backofen auf 150 Grad ⊟ vorheizen.
2. Leinsamen mit 3 EL heißem Wasser vermengen und 2–3 Minuten quellen lassen.
3. Die Vanilleschote längs aufschneiden und das Mark herauskratzen. Zusammen mit Zuckerersatz, Haselnüssen, Salz und Zimt vermischen.
4. Leinsamen und Wasser dazugeben und verrühren.
5. Aus der Masse kleine Kugeln formen, je eine Haselnuss in die Mitte drücken und auf ein mit Backpapier ausgelegtes Backblech setzen.
6. Die Makronen 25–30 Minuten backen.

glutenfrei

vegan

60 Minuten

10 Schnitten

Linzer Schnitten

Dieses Rezept ist noch gesünder und noch leichter, aber genauso lecker wie vorher. Statt Johannisbeeren kannst du natürlich auch andere Früchte verwenden. Und die Walnüsse kannst du, wenn du magst, ganz einfach durch andere Nüsse ersetzen.

Zutaten

2 EL Leinsamen, geschrotet
6 EL heißes Wasser
100 ml neutrales Öl
70 g Zuckerersatzstoff
1 TL Backpulver
1 Prise Salz
150 g Walnüsse, gerieben
75 g Mandelmehl
50 g Johannisbeeren
½ TL Zimt

Zubereitung

1. Den Leinsamen mit dem heißen Wasser vermengen und kurz quellen lassen.
2. Mit Öl, Zuckerersatzstoff, Backpulver und Salz verrühren.
3. Walnüsse und Mandelmehl zugeben und alles zu einem Teig verrühren.
4. Ein Viertel des Teiges in einen Spritzbeutel füllen. Den Rest auf ein mit Backpapier ausgelegtes Backblech streichen.
5. Johannisbeeren mit Zimt im Mixer pürieren und gleichmäßig auf dem Teig verteilen.
6. Mit dem Spritzbeutel den restlichen Teig gitterförmig aufspritzen.
7. Im auf 170 Grad ⊟ vorgeheizten Backofen etwa 40 Minuten backen.

glutenfrei

vegetarisch

40 Minuten

10 Kuchenstücke

Zitronen-Ingwer-Schnitten

Fruchtig, frisch und sättigend. So schmecken diese traumhaften Schnitten. Wusstest du, dass es auch in Südtirol Ingwer gibt? Ich verwende ihn gerne und was ich nicht gleich verbrauche, schneide ich in Scheiben und friere es ein. So kann ich immer auf ein regionales Produkt zurückgreifen.

Zutaten

2 Bio-Zitronen
2 Scheiben Ingwer, geschält und zerkleinert
70 ml Naturjoghurt oder pflanzlichen Joghurt
3 Eier
195 g Zuckerersatzstoff
1 EL Leinsamen, geschrotet
100 g Walnüsse, gerieben
100 g Mandeln, gerieben
2 TL Backpulver

Zubereitung

1. Eine Zitrone auspressen und den Saft für die Glasur beiseitestellen. Die andere Zitrone unter heißem Wasser abbürsten, abtrocknen und mit Schale grob zerkleinern.
2. Zusammen mit Ingwer und Naturjoghurt im Mixer fein pürieren.
3. Mit Eiern, 70 g Zuckerersatzstoff, Leinsamen, Walnüssen, Mandeln und Backpulver vermengen.
4. Die Masse auf ein mit Backpapier ausgelegtes Backblech streichen und im auf 160 Grad ⊛ vorgeheizten Backofen etwa 20 Minuten backen. Herausnehmen und auskühlen lassen.
5. Den restlichen Zuckerersatzstoff im Mixer zu Staubzucker zerkleinern und mit dem Zitronensaft verrühren.
6. Die Schnitten mit der Glasur überziehen.

glutenfrei

vegan

10 Minuten
+ Kühlzeit

20 Stück

Meine Kokoskugeln

Das ist mein wohl schnellstes Snackrezept. Kühl und sättigend, einfach gut. Verwende Kokosmilch aus der Dose, sie eignet sich am allerbesten für das Rezept.

Zutaten

100 g Kokosraspeln
100 ml Kokosmilch
70 g Zuckerersatzstoff
65 g Mandeln, gerieben
Kokosraspeln zum Wälzen
20 ganze Mandeln

Zubereitung

1. Kokosraspeln, Kokosmilch und Zuckerersatzstoff miteinander vermischen und 30 Minuten in den Kühlschrank stellen.
2. Aus der Masse kleine Kugeln formen, je eine Mandel in die Mitte drücken und in Kokosflocken wälzen.
3. Etwa 1 Stunde im Kühlschrank fest werden lassen.

glutenfrei

vegetarisch

40 Minuten
+ Kühlzeit

5 Stück

Milchschnitten

Milchschnitten können auch gesund sein, dem Körper guttun und gleichzeitig unglaublich lecker sein. Eine vegane Variante dazu sind Marmeladenschnitten. Hierfür verwendest du statt der Eier 2 EL geschroteten Leinsamen, den du mit 6 EL heißem Wasser vermischst und etwas quellen lässt. Gib insgesamt 75 ml pflanzliche „Milch" dazu und lasse die Marmeladenschnitten 5 Minuten länger im Ofen. Die Sahne für die Füllung ersetzt du einfach durch eine köstliche, fruchtige Marmelade – fertig ist die vegane Leckerei.

Zutaten

20 g Kokosmehl
50 g Mandelmehl
25 g Kakaopulver
1 Prise Salz
2 Eier
70 g Zuckerersatzstoff
50 ml pflanzliche „Milch"
100 ml Sahne
½ Vanilleschote, Mark

Zubereitung

1. Kokos- und Mandelmehl zusammen mit Kakaopulver und Salz in einer Schüssel vermischen.
2. Die Eier mit 50 g Zuckerersatzstoff und der pflanzlichen „Milch" schaumig aufschlagen. Zum Mehlgemisch geben und gut vermengen.
3. Den Teig etwa ½ cm dick auf ein mit Backpapier ausgelegtes Backblech streichen.
4. Im auf 180 Grad ☐ vorgeheizten Backofen 15–20 Minuten backen.
5. Vom Blech nehmen, auskühlen lassen und in gleich große Rechtecke schneiden.
6. Die Sahne mit Vanillemark und dem restlichen Zuckerersatzstoff steif schlagen.
7. Die Hälfte der Kuchenrechtecke mit Sahne bestreichen und die übrigen Rechtecke daraufsetzen.

glutenfrei

vegan

10 Minuten
+ Backzeit

1 Glas

Müsli

Dieses Müsli ist mein absolutes Lieblingsmüsli. Es wird bei uns immer auf Vorrat gemacht und steht griffbereit im Kühlschrank. Du kannst dieses Grundrezept ganz nach deinen Wünschen und Vorlieben abwandeln, indem du beispielsweise noch Trockenfrüchte, Bitterschokolade usw. zufügst.

Zutaten

100 g Walnüsse, gerieben
30 g Mandeln, gerieben
30 g Sonnenblumenkerne
20 g Leinsamen
100 g Haselnüsse, gehackt
50 g Haselnussmus (siehe S. 180)
50 g Zuckerersatzstoff
1 Prise Salz

Zubereitung

1. Alle Zutaten gut vermengen und auf ein mit Backpapier ausgelegtes Backblech geben.
2. Im auf 200 Grad ⊟ vorgeheizten Backofen etwa 30 Minuten backen.
3. Das Müsli auskühlen lassen und in ein Glas füllen.

glutenfrei

vegetarisch

40 Minuten

6 Stück

Nussmuffins

Auch leichte Muffins schmecken – und wie! Du kannst gerne noch klein geschnittene Früchte, Schokotropfen mit hohem Kakaoanteil oder Zitronenabrieb unter den Teig rühren. Sei erfinderisch und genieße diese leichten Küchlein. Du solltest die Muffinförmchen allerdings nicht bis zum Rand mit Teig füllen, sondern nur zu zwei Dritteln. Statt Haselnüssen und Mandeln kannst du auch Walnüsse verwenden. Für die vegane Variante ersetzt du die Eier durch 2 EL geschroteten Leinsamen, den du mit 6 EL heißem Wasser vermischst.

Zutaten

50 g Mandeln, gerieben
50 g Haselnüsse, gerieben
7 g Backpulver
1 Vanilleschote, Mark
2 Eier
25 ml neutrales Öl
40 g Zuckerersatzstoff
1 Prise Salz

Zubereitung

1. Mandeln, Haselnüsse, Backpulver, Vanillemark, Eier, Öl, Zuckerersatzstoff und Salz gut verrühren.
2. Ein Muffinblech mit Papierförmchen auslegen und den Teig in die Förmchen füllen.
3. Muffins im auf 170 Grad vorgeheizten Backofen etwa 25 Minuten backen.

glutenfrei

vegan

35 Minuten

5 Stück

Pancakes

Diese Pancakes sind nicht nur glutenfrei und vegan, sondern sie sind auch extrem lecker. Sie schmecken immer wieder himmlisch anders, je nachdem, wie du sie zubereitest. Genieße sie mit frischem Nussmus und Beeren zum Frühstück oder mit Kokosmehl anstelle von Mandelmehl und leckerer Marmelade. Du wirst sie lieben!

Zutaten

20 g Leinsamen, geschrotet
6 EL heißes Wasser
65 g Mandelmehl
1 Prise Salz
1 TL Backpulver
25 g Zuckerersatz
1 TL Zimt
150 g pflanzliche „Milch"
2 EL neutrales Öl zum Braten

Zubereitung

1. Leinsamen mit heißem Wasser vermengen und ein paar Minuten quellen lassen.
2. Mandelmehl, Salz, Backpulver, Zuckerersatz und Zimt vermischen.
3. Pflanzliche „Milch" und Leinsamen dazugeben und alles zu einem Teig verrühren.
4. Öl in einer Pfanne erhitzen. 1 EL Teig hineingeben und etwa 2 Minuten ausbacken, umdrehen und auf der anderen Seite noch einmal etwa 2 Minuten backen.
5. Den Vorgang wiederholen, bis der Teig aufgebraucht ist.

glutenfrei

vegetarisch

75 Minuten

1 Torte

Sachertorte

Diese Sachertorte ist eine meiner liebsten Torten. Die glutenfreie, leichte Variante schmeckt spitzenmäßig und ist darüber hinaus viel besser für unseren Körper.

Zutaten

290 g Schokolade (min. 85 % Kakaoanteil)
160 ml neutrales Öl oder 200 g Butter
140 g Zuckerersatzstoff
5 Eigelb
5 Eiweiß
1 Prise Salz
1 Pkg. Backpulver
10 g ungesüßtes Kakaopulver
150 g Mandelmehl
50 g Kokosmehl
100–150 ml warme pflanzliche „Milch"
100 g Aprikosenmarmelade
30 g Kokosöl
Haselnüsse zum Garnieren

Zubereitung

1. 90 g Schokolade klein hacken und über dem Wasserbad schmelzen.
2. Öl, Zuckerersatzstoff und Eigelb schaumig aufschlagen und die geschmolzene Schokolade unterrühren.
3. Eiweiß mit Salz steif schlagen.
4. Backpulver, Kakaopulver, Mandelmehl und Kokosmehl vermischen und zusammen mit der pflanzlichen „Milch" zur Schokoladen-Ei-Masse geben. Alles zu einer cremigen Masse verrühren. (Die Menge der benötigten pflanzlichen „Milch" kann je nach Schokoladensorte variieren.)
5. Den Eischnee vorsichtig unterheben und alles in eine eingefettete Springform füllen.
6. Im auf 180 Grad ⊟ vorgeheizten Backofen etwa 45 Minuten backen.
7. Auf einem Kuchengitter auskühlen lassen.
8. Den Tortenboden waagerecht durchschneiden und die untere Hälfte mit Aprikosenmarmelade bestreichen. Die andere Hälfte daraufsetzen.
9. Die restliche Schokolade zusammen mit dem Kokosöl über dem Wasserbad schmelzen lassen.
10. Die Torte mit der geschmolzenen Schokolade glasieren und mit Haselnüssen garnieren.

Karuna Chocolate

Wer Schokolade liebt, muss diese zu Hause haben!

Katya Waldboth und Armin Untersteiner haben bei ihrem Aufenthalt in Südindien den Kakao und seine Wirkung für sich entdeckt und damit begonnen, hobbymäßig Schokolade aus den Bohnen zu produzieren – ganz nach dem Prinzip Bean-to-Bar. Als sie wieder nach Südtirol kamen, wollten sie diese neue Leidenschaft wachsen lassen. Das Ergebnis ist die kleine Manufaktur im Herzen der Dolomiten. So untypisch und einzigartig wie der Name dieser Schokoladenmanufaktur ist (Karuna bedeutet so viel wie Barmherzigkeit), so schmeckt sie auch. Bei jedem Bissen spürt man die Liebe und Leidenschaft, mit der sie hergestellt wurde, und lässt sie unheimlich gerne auf der Zunge zergehen, um den vollen Geschmack zu erleben. „Schokolade herzustellen, ist eine Herzensangelegenheit", sagen die beiden. Deshalb ist es nur logisch, dass sie ausschließlich biologische Kakaobohnen verwenden, die ethisch korrekt gehandelt werden und Ultra-Premium-Qualität haben. Auch zum Süßen verwenden sie nur Rohrohrzucker aus fairem Handel. Ihre hochwertigen Produkte sind zudem plastikfrei verpackt und einfach wunderschön anzusehen. Du merkst schon, ich bin ein absoluter Fan dieses Unternehmens und seiner Schokolade. Ich verwende sie unglaublich gerne für Süßspeisen und verschenke sie sehr oft. Am liebsten aber genieße ich immer wieder ein Stück der Sorte *Pure dark 100 %*. Du kannst die Etiketten der ver-

schiedenen Schokoladentafeln übrigens auch personalisieren lassen, z. B. für dein Unternehmen, deine Hochzeit oder andere Jubiläen. Katya und Armin, die schon viele tolle Preise gewonnen haben, lieben einfach, was sie tun, und sind ständig dabei, ihre Produkte zu verbessern und neue zu entwickeln. Ich kann dir die Schokolade von Karuna jedenfalls von ganzem Herzen empfehlen.

Jetzt willst du sicher wissen, wo du die Schokolade kaufen kannst: Es gibt sie weltweit in vielen verschiedenen Verkaufsstellen. Wo sich diese genau befinden, erfährst du auf der Homepage www.karunachocolate.it. In Südtirol gibt es sie z. B. in vielen Bioläden. Besuche Karuna auch auf Facebook und Instagram, damit du keine neue Sorte verpasst!

www.karunachocolate.it

glutenfrei

vegan

30 Minuten

4 Stück

Schoko-Cookies

Schoko-Cookies gehen immer, auch als vegane, glutenfreie Variante. Sie sind einfach lecker und machen zudem noch viel schneller satt. Lass die Cookies nach dem Backen gut auskühlen. Du kannst anstelle von Schokolade natürlich auch Trockenfrüchte, Zimt oder Vanille zum Teig geben.

Zutaten

1 EL Leinsamen, geschrotet
50 ml neutrales Öl
100 g Mandelmehl
4 g Backpulver
40 g Zuckerersatzstoff
1 Prise Salz
40 ml Wasser oder pflanzliche „Milch"
70 g Schokolade (mind. 85 % Kakaoanteil)

Zubereitung

1. Leinsamen, Öl, Mandelmehl, Backpulver, Zuckerersatzstoff und Salz vermengen.
2. Das Wasser dazugeben und alles zu einem glatten Teig verkneten.
3. Die Schokolade grob hacken und ebenfalls unterkneten.
4. Aus dem Teig Cookies formen, auf ein mit Backpapier ausgelegtes Backblech setzen und etwa 20 Minuten im auf 160 Grad ⊛ vorgeheizten Backofen backen.

glutenfrei

vegan

20 Minuten
+ Kühlzeit

2 Portionen

Schoko-Mousse

Ursprünglich enthielt mein Schoko-Mousse-Rezept tierische Lebensmittel. Als ich zum ersten Mal Kichererbsenwasser statt Sahne verwendet habe, war ich unglaublich begeistert: genauso cremig und genauso luftig. Daher habe ich dieses Rezept aktualisiert. So kannst du die vegane Variante auch einmal probieren. Nicht weil du vegan leben sollst, sondern weil sie extrem gut schmeckt und deinem Körper guttut. Aus den Kichererbsen kannst du leckere Cookies, Falafel oder Hummus zubereiten.

Zutaten

50 g Schokolade (mind. 80 % Kakaoanteil)
30 g Zuckerersatzstoff
20 ml pflanzliche „Milch"
70 g Kichererbsenwasser (Aquafaba)
1 Spritzer Zitronensaft
Kokosraspeln zum Garnieren

Zubereitung

1. Die Schokolade zerkleinern und über dem Wasserbad schmelzen.
2. Zuckerersatzstoff und pflanzliche „Milch" unterrühren.
3. Das Kichererbsenwasser mit Zitronensaft steif schlagen und langsam unter die Schokoladenmasse heben.
4. Die Mousse etwa 30 Minuten im Kühlschrank kalt stellen, damit sie noch etwas fester wird.
5. Vor dem Servieren mit Kokosraspeln garnieren.

glutenfrei

vegetarisch

15 Minuten + Kühlzeit

3 Gläser

Tiramisu

Tiramisu ist immer lecker – auch als glutenfreie, leichtere oder sogar vegane Variante. Für ein veganes Tiramisu bäckst du die Nussmuffins (siehe S. 153) einfach ohne Eier und ersetzt die Sahne durch eine pflanzliche Alternative aus dem Bioladen. Du kannst auch noch Obst, z. B. Erdbeeren, unter die Creme mischen. Das ist ebenfalls sehr lecker. Probiere es gerne aus und tu dir etwas Gutes. Zudem lässt sich das Rezept perfekt vorbereiten.

Zutaten

50 ml Sahne
40 g Zuckerersatzstoff
100 g pflanzlicher Joghurt
3 Nussmuffins (siehe S. 153), zerkleinert
1 Espresso
Kakaopulver zum Garnieren
Kaffeebohnen zum Garnieren

Zubereitung

1. Die Sahne steif schlagen und mit Zuckerersatzstoff und pflanzlichem Joghurt vermengen.
2. Die Muffins grob zerkleinern und mit Espresso beträufeln.
3. Die zerkleinerten Muffins abwechselnd mit der Creme in Gläser schichten. Mit einer Schicht Creme abschließen.
4. Tiramisu im Kühlschrank gut durchkühlen lassen.
5. Vor dem Servieren mit Kakaopulver bestreuen und mit Kaffeebohnen garnieren.

glutenfrei

vegan

45 Minuten

20 Stück

Vanillekekse

Diese Kekse sind als Vanillekipferln in der Weihnachtszeit ein Hit. Wenn du aus dem Teig einfach runde Cookies formst, kannst du sie das ganze Jahr über genießen. Du kannst die Cookies auch mit zuckerfreier Marmelade bestreichen.

Zutaten

70 g Mandeln, gerieben
75 g Haselnüsse, gerieben
110 g Mandelmehl
20 g Pfeilwurzelmehl
80 g Zuckerersatzstoff
2 Msp. Vanillemark
80 ml neutrales Öl
1 Prise Salz
Zuckerersatzstoff zum Wälzen

Zubereitung

1. Mandeln, Haselnüsse, Mandel- und Pfeilwurzelmehl, Zuckerersatzstoff und 1 Msp. Vanillemark vermengen.
2. Das Öl dazugeben und alles zu einem glatten Teig verkneten.
3. Aus dem Teig Cookies formen und auf ein mit Backpapier ausgelegtes Backblech legen.
4. Im auf 180 Grad ⊟ vorgeheizten Backofen 20–25 Minuten backen.
5. Den Zuckerersatzstoff im Mixer fein mahlen, mit dem restlichen Vanillemark vermischen und die warmen Cookies darin wälzen.

glutenfrei

vegan

45 Minuten

1 Blech

Knäckebrot

Ich habe keine Ahnung, warum ich nicht schon viel früher damit begonnen habe, Knäckebrot selbst zu machen. So ist es viel leichter, gesünder und einfach saugut. Du kannst es als Powersnack naschen oder als Beilage zu Suppen und Salaten essen. Sei kreativ und wandele das Knäckebrot nach deinen Vorlieben ab: Verwende andere Saaten oder gib Kräuter, getrocknete Tomaten, Zwiebeln, Paprika- oder Currypulver zum Teig.

Zutaten

30 g Kürbiskerne
100 g Sesam
80 g Sonnenblumenkerne
50 g Leinsamen, geschrotet
20 g Hanfsamen
5 g Flohsamenschalen
1 Prise Salz
1 Prise Kümmel
200 ml heißes Wasser

Zubereitung

1. Den Backofen auf 160 Grad ⊛ vorheizen.
2. Kürbiskerne, Sesam und Sonnenblumenkerne ohne zusätzliches Fett in einer Pfanne leicht anrösten.
3. Zusammen mit Leinsamen, Hanfsamen, Flohsamenschalen, Salz und Kümmel vermengen.
4. Das heiße Wasser dazugeben und alles ein paar Minuten quellen lassen.
5. Die Masse mit den Fingern auf einem Bogen Backpapier verteilen, platt drücken, mit einem weiteren Bogen Backpapier abdecken und dünn ausrollen.
6. 30–35 Minuten im Backofen backen. Herausnehmen und auskühlen lassen.

glutenfrei

vegan

55 Minuten

1 Kastenform

Körnerbrot

Dieses Körnerbrot ist ebenfalls ein schmackhaftes, leichtes Brot. Es enthält lauter gesunde Inhaltsstoffe. Besonders abends ist es ideal, aber du profitierst davon auch den ganzen Tag über. Du musst nicht immer alle Saaten und Körner verwenden, die im Rezept angegeben sind. Du kannst sie durch andere ersetzen, ganz nach Lust und Vorliebe. Wenn du das Brot weicher haben möchtest, solltest du es gleich nach dem Backen in ein feuchtes Tuch wickeln – du kannst das übrigens auch mit jedem anderen Brot so machen.

Zutaten

100 g Sonnenblumenkerne
50 g Kürbiskerne
50 g Sesam
10 g Flohsamenschalen
70 g Leinsamen, geschrotet
50 g Pfeilwurzelmehl
1 TL Weinsteinbackpulver
30 g Kichererbsenmehl
Salz
Kümmel
3 EL Apfelessig
200 g heißes Wasser

Zubereitung

1. Den Backofen auf 200 Grad vorheizen.
2. Sonnenblumenkerne, Kürbiskerne, Sesam, Flohsamenschalen, Leinsamen, Pfeilwurzelmehl, Weinsteinbackpulver, Kichererbsenmehl, Salz und Kümmel vermischen.
3. Apfelessig und Wasser dazugeben und gut vermengen.
4. Den Teig in eine kleine, mit Backpapier ausgelegte Kastenform füllen und 10 Minuten quellen lassen.
5. Im Backofen 40–45 Minuten backen.

glutenfrei

vegan

55 Minuten

5 Stück

Leinsamenbrötchen

Das schnellste meiner leichten Brotrezepte ist dieses hier. Die Leinsamenbrötchen schmecken mit süßem Aufstrich himmlisch gut. Lass sie nach dem Backen gut auskühlen, da sie sonst innen noch zu weich sind.

Zutaten

100 g Leinsamenmehl
Salz
125 g pflanzlicher Joghurt
20 ml neutrales Öl
50 ml pflanzliche „Milch"
10 g Leinsamen
Samen und Körner zum Bestreuen

Zubereitung

1. Leinsamenmehl, Salz, pflanzlichen Joghurt, Öl, pflanzliche „Milch" und Leinsamen vermengen und zu einem glatten Teig verkneten.
2. Aus dem Teig Brötchen formen, auf ein mit Backpapier ausgelegtes Backblech setzen und die Oberfläche mit Wasser bestreichen. Mit Samen und Körnern bestreuen.
3. Die Brötchen im auf 180 Grad ⊟ vorgeheizten Backofen 40–45 Minuten backen.

vegan

55 Minuten + Ruhezeit

1 Kastenform

Upps-Brot

Mein Upps-Brot ist einfach, gesund und lecker. Vor allem freut sich dein Körper abends sehr darüber. Wenn du es glutenfrei machen möchtest, tauschst du das Dinkelvollkornmehl durch Buchweizen- oder Reismehl aus und verwendest glutenfreie Haferflocken. Wenn du es feiner haben möchtest, solltest du die Saaten alle grob mixen.

Zutaten

50 g Dinkelvollkornmehl
50 g Haferflocken
30 g Kichererbsenmehl
15 g Flohsamenschalen
100 g Sonnenblumenkerne
100 g Leinsamen, geschrotet
100 g Sesam
100 g Nüsse, gerieben
350 ml Wasser
30 ml Apfelessig
Salz
1–2 EL Brotklee

Zubereitung

1. Alle trockenen Zutaten gut vermischen.
2. Wasser, Apfelessig, Salz und Brotklee dazugeben und gut vermengen. Den Teig etwa 10 Minuten abgedeckt ruhen lassen.
3. Den Teig in eine kleine, mit Backpapier ausgelegte Backform geben.
4. Im auf 200 Grad ⊟ vorgeheizten Backofen 40–45 Minuten backen.

glutenfrei

vegetarisch

55 Minuten

1 kleiner Weggen

Zwiebelbrot

Das Zwiebelbrot ist eine Abwandlung meiner Parmesanbrötchen. Es schmeckt so noch besser. Wenn du das Brot vegan machen möchtest, lässt du den Parmesan einfach weg. Besonders gut schmeckt das Brot mit einem meiner Aufstriche (siehe S. 178).

Zutaten

½ Zwiebel
½ EL neutrales Öl zum Anbraten
50 g Parmesan
70 g Sonnenblumenkerne
15 g Flohsamenschalen
20 g Leinsamen, geschrotet
50 g Sesam
150 g lauwarmes Wasser

Zubereitung

1. Die Zwiebel in kleine Würfel schneiden und in Öl anbraten.
2. Parmesan und Sonnenblumenkerne im Mixer grob zerkleinern und mit den Zwiebelwürfeln vermengen.
3. Flohsamenschalen, Leinsamen und Sesam unterrühren.
4. Wasser dazugeben und alles 10 Minuten quellen lassen.
5. Aus dem Teig ein kleines Baguette formen und auf ein mit Backpapier ausgelegtes Backblech legen.
6. Im auf 200 Grad ⊟ vorgeheizten Backofen 40–45 Minuten backen. Gut auskühlen lassen.

glutenfrei

vegan

5 Minuten

3 Gläser

Crunchy Erdnussbutter

Erdnussbutter ist verdammt lecker und man kann sie ganz fix selber machen! Die Erdnüsse kaufen wir, wie alles andere, im Unverpacktladen. Vielleicht hast du auch einen in deiner Nähe und kannst so extrem viel Plastikmüll sparen (siehe S. 42). Genieße den Aufstrich auf einem leichten Brot – zum Frühstück oder als Snack.

Zutaten

350 g Erdnüsse, geröstet
5 g Salz
120 ml neutrales Öl

Zubereitung

1. 300 g Erdnüsse mit Salz und Öl im Mixer fein pürieren.
2. Die restlichen Erdnüsse mit dem Messer grob hacken und unter die pürierten Erdnüsse rühren.

glutenfrei

vegan

5 Minuten

2 Gläser

Nussmus

Momentan ist Nussmus mein Lieblingsaufstrich zum Frühstück. Es ist super schnell selbst gemacht und einfach ein Genuss. Du kannst es auch für Müsliriegel und Energiekugeln oder – statt Mandelmus – zum Verfeinern von Saucen verwenden. Ich süße das Nussmus am liebsten mit Datteln, du kannst aber auch einen Zuckerersatz nehmen.

Zutaten

500 g Haselnüsse
10 Datteln
1 Prise Salz

Zubereitung

1. Die Haselnüsse auf ein Backblech geben und im Backofen bei 180 Grad ⊟ etwa 10 Minuten rösten.
2. Etwas abkühlen lassen und die Schalen mit einem Küchentuch grob abreiben.
3. Zusammen mit Datteln und Salz im Mixer fein pürieren.

glutenfrei

vegan

20 Minuten

1 Glas

Paprika-Tomaten-Aufstrich

Dieser Aufstrich gehört zu meinen absoluten Lieblingen – egal, ob zum Frühstück, Brunch oder Abendessen. Knäckebrot, Brot oder Grissini (das Rezept findest du in *Silvis Wohlfühlküche)* mit Paprika-Tomaten-Aufstrich und fertig ist das gesunde Essen. Es kann so einfach sein! Der Aufstrich hält sich locker einige Tage im Kühlschrank.

Zutaten

1 Zwiebel, fein geschnitten
1 Knoblauchzehe, gehackt
50 g Sonnenblumenkerne
1 EL neutrales Öl zum Anbraten
1 Paprika
50 g getrocknete Tomaten
1 EL Tomatenmark
100 g Wasser
Salz
Pfeffer
frische Kräuter

Zubereitung

1. Zwiebel, Knoblauch und Sonnenblumenkerne in Öl andünsten.
2. Paprika und getrocknete Tomaten grob zerkleinern, dazugeben und mitdünsten.
3. Tomatenmark zufügen und kurz anrösten.
4. Mit Wasser ablöschen und den Topf vom Herd nehmen.
5. Mit Salz, Pfeffer und frischen Kräutern würzen und im Mixer fein pürieren.

glutenfrei

vegan

10 Minuten
+ Einweichzeit

1 Glas

Kräuteraufstrich

Vegane Aufstriche – z. B. dieser einfache Kräuteraufstrich – tun nicht nur gut, sondern schmecken auch extrem lecker. Du kannst diesen Aufstrich nicht nur mit Knäckebrot, Gemüsesticks oder Körnerbrot genießen, sondern auch auf Wraps streichen. Du kannst die Menge der Kräuter – am besten verwendest du deine Lieblingskräuter – natürlich an deinen Geschmack anpassen.

Zutaten

100 g Sonnenblumenkerne
1 Zwiebel, fein geschnitten
1 Knoblauchzehe, gehackt
2 EL neutrales Öl zum Anbraten
1 Bund Schnittlauch
Thymian
Basilikum
Salz
Pfeffer

Zubereitung

1. Die Sonnenblumenkerne 2–3 Stunden in Wasser einweichen, abgießen und mit kaltem Wasser abspülen.
2. Zwiebel- und Knoblauchwürfel in Öl andünsten.
3. Zusammen mit den Sonnenblumenkernen im Mixer fein pürieren.
4. Schnittlauch, Thymian und Basilikum fein schneiden und unter die Sonnenblumenkern-Zwiebel-Mischung rühren.
5. Mit Salz und Pfeffer abschmecken.

glutenfrei

vegan

10 Minuten
+ Einweichzeit

1 Glas

Rote-Bete-Aufstrich

So einfach hast du deinen eigenen gesunden Aufstrich gezaubert! Du kannst ihn mit Brot (Rezepte ab S. 168), in Wraps oder Omeletten genießen.

Zutaten

100 g Sonnenblumenkerne
etwa 300 g Rote Bete
1 Zwiebel, fein geschnitten
1 Knoblauchzehe, gehackt
2 EL neutrales Öl zum Anbraten
Salz
Pfeffer
Kümmel

Zubereitung

1. Die Sonnenblumenkerne 2–3 Stunden in Wasser einweichen, abgießen und mit kaltem Wasser abspülen.
2. Rote Bete waschen, eventuell schälen, in grobe Stücke schneiden und in etwa 40 Minuten weich kochen.
3. Zwiebel- und Knoblauchwürfel in Öl andünsten.
4. Sonnenblumenkerne, Rote Bete, Zwiebel- und Knoblauchwürfel im Mixer fein pürieren.
5. Mit Salz, Pfeffer und Kümmel würzen.

glutenfrei

vegan

5 Minuten

1 Glas

Knoblauch-Dip

Dieser Dip ist in unserem Haus ein Muss. Wir essen ihn zu Pizza, Wraps, Knäckebrot, Pommes ... Er ist unglaublich lecker, leicht und verfeinert unzählige Gerichte. Du solltest ihn unbedingt ausprobieren. Die Sojasauce kannst du auch weglassen, wenn du sie nicht magst.

Zutaten

50 g vegane Mayo (siehe S. 195)
1 Spritzer Sojasauce
1 Spritzer Zitronensaft
1 EL Schnittlauch, fein geschnitten
1 EL pflanzliche „Milch"
½ Knoblauchzehe, gehackt
Salz

Zubereitung

1. Vegane Mayo, Sojasauce, Zitronensaft, Schnittlauch, pflanzliche „Milch" und Knoblauch verrühren.
2. Mit Salz abschmecken.

glutenfrei

vegan

40 Minuten

½ Glas

Ketchup

Gekaufter Ketchup besteht zum Großteil aus Zucker und anderen ungesunden Inhaltsstoffen. Wenn du ihn selber machst, weißt du, was drinnen ist. Zudem schmeckt er auch noch super, und du kannst ihn portionsweise einfrieren oder noch heiß in Gläser füllen, damit er länger haltbar ist. Wenn du keine getrockneten Tomaten hast, kannst du sie auch weglassen.

Zutaten

500 g Tomaten
1 Zwiebel, fein geschnitten
2 EL Öl zum Anbraten
60 ml weißer Balsamico- oder Weißweinessig
Salz
Pfeffer
1 EL getrocknete Tomaten
10 g Zuckerersatzstoff

Zubereitung

1. Tomaten waschen und vierteln.
2. Zwiebelwürfel gut in Öl anbraten
3. Tomaten, Balsamicoessig, Salz, Pfeffer, getrocknete Tomaten und Zuckerersatzstoff dazugeben und alles etwa 30 Minuten köcheln lassen. Dabei immer wieder umrühren.
4. Alles im Mixer fein pürieren und eventuell durch ein Sieb passieren.
5. Noch heiß in ein Glas füllen und verschließen.

KETCHUP

Mannius

Auf den ersten Blick möchte man meinen, **Mannius / Marions Grillstube** und Silvis Kuchl passen nicht so recht zusammen: Manni und Ulli, die bekannt dafür sind, in ihrem Steakhouse Fleischspezialitäten zu grillen, und ich, die bekannt dafür ist, kein Fleisch und häufig vegan zu essen.

Allerdings haben wir unsere Gemeinsamkeit gefunden: Saucen, zuckerfreie vegane Saucen, die sehr viele Gerichte unterstreichen und verfeinern. Egal, wie man sich ernährt, sie passen einfach dazu und schmecken außerdem richtig gut. Seit 2017 sind unsere vier Saucen auf dem Markt und haben es bereits über die Landesgrenze geschafft – sie sind also nicht nur in Südtirol beliebt! Du findest von uns: Tomato-Ketchup, Chili-Ketchup, Apple-Ginger-Dip, BBQ-Sauce. Alle Saucen werden in der eigenen Saucenmanufaktur zubereitet und direkt vor Ort abgefüllt. Mehr Infos zu den Saucen und zum Onlineshop findest du unter www.mannius.it. Probiere die Saucen einfach einmal aus. Du wirst den Unterschied, den gesunde Produkte in sich tragen, spüren.

glutenfrei

vegan

5 Minuten

1 Glas

Vegane Mayo

Vegane Mayo ist leichter, bekömmlicher und gesünder – und noch dazu ganz einfach selbst gemacht. Du solltest sie allerdings im Kühlschrank aufbewahren und innerhalb einer Woche verbrauchen. Das dürfte aber kein Problem sein, denn sie schmeckt einfach unglaublich gut.

Zutaten

100 g Sojadrink (eignet sich am besten)
½ EL Apfelessig oder Zitronensaft
10 g Senf
100 g Sonnenblumenöl oder ein anderes neutrales Öl
Salz
Pfeffer

Zubereitung

1. Sojadrink, Apfelessig und Senf 1–2 Minuten im Mixer kräftig mixen.
2. Öl langsam dazugeben und weitermixen. Wenn die Mayo zu fest wird, noch etwas Sojadrink dazugeben, wenn sie zu flüssig ist, etwas Öl zufügen.
3. Mit Salz und Pfeffer würzen.

glutenfrei

vegan

5 Minuten

1 Glas

Der Salatige

Zutaten

5 Salatblätter
150 g Zwetschgen
100 ml Wasser
1 TL Hanföl

Zubereitung

Alle Zutaten in einen Mixer geben und fein pürieren.

glutenfrei

vegan

5 Minuten

1 Glas

Grashüpfer

Zutaten

1 Handvoll Wildkräuter
(Brennnesseln,
Löwenzahnblätter, Giersch ...)
1 Kiwi
1 Apfel
150 ml Wasser

Zubereitung

Alle Zutaten in einen Mixer geben und fein pürieren.

glutenfrei

vegan

5 Minuten

1 Glas

Der Klassische

Zutaten

1 Handvoll Babyspinat
1 Apfel
1 Birne
150 ml Wasser
1 TL Weizengraspulver
1 Scheibe Ingwer

Zubereitung

Alle Zutaten in einen Mixer geben und fein pürieren.

glutenfrei

vegan

5 Minuten

1 Glas

Mädchentraum

Zutaten

2 Aprikosen
1 Handvoll Basilikum
170 ml Wasser
1 TL Kurkuma
Pfeffer

Zubereitung

Alle Zutaten in einen Mixer geben und fein pürieren.

glutenfrei

vegan

10 Minuten
+ Einweichzeit

1 Liter

Mandeldrink

Ich liebe es, Milch durch pflanzliche Alternativen zu ersetzen. „Mandelmilch" kommt dabei gleich nach „Hafermilch", die für mich auf dem ersten Platz liegt. Und das Beste: Du musst sie nicht kaufen, sondern kannst sie selbst herstellen. Probiere es einfach einmal aus! Sie tut so gut und schmeckt hervorragend im Kaffee. Auch zum Kochen und Backen ist sie ideal. Wenn du sie ungesüßt willst, lässt du die Datteln einfach weg.

Zutaten

200 g ungeschälte Mandeln
1 l Wasser
1 Prise Salz
4 Datteln, entsteint

Zubereitung

1. Mandeln am besten über Nacht in Wasser einweichen, abgießen und mit Wasser abspülen.
2. Zusammen mit Wasser, Salz und Datteln im Mixer fein pürieren.
3. Durch ein Sieb passieren (es gibt auch spezielle Nussbeutel) und je nach Wunsch verwenden.
4. Die im Sieb zurückgebliebene Masse kann zum Backen oder Kochen verwendet werden. Mit Haferflocken, Datteln, Zimt und etwas Obst werden daraus schnelle Cookies (siehe dazu das Haferflockenkeksrezept in *Silvis Wohlfühlküche).*

glutenfrei

vegan

5 Minuten

1 Glas

Goldene Milch

Ich liebe goldene Milch, denn sie peppt das Immunsystem auf.

Zutaten

1 TL Kurkuma
1 Prise Pfeffer
½ TL Honig
200 ml warmer Mandeldrink
(siehe S. 207)

Zubereitung

Kurkuma, Pfeffer und Honig vermischen und unter den Mandeldrink rühren.

glutenfrei

vegan

2 Stunden 10 Minuten

2,5 Liter

Gemüsebrühe

Kein Mensch braucht Fleischbrühe, um den Gerichten einen gewissen Pepp zu geben. Das kann Gemüse viel besser. Das ausgekochte Gemüse kannst du fein pürieren und als Würzpaste verwenden. Wenn du noch klein geschnittene Kräuter zufügst, wird daraus ein toller Aufstrich. Die Gemüsebrühe kannst du auch portionsweise auf Vorrat einfrieren.

Zutaten

2 Karotten
1 kleiner Knollensellerie
250 g Champignons
2 Zwiebeln
1 EL Öl
2 Knoblauchzehen, grob zerkleinert
3 l Wasser
30 g Petersilie
1 Lorbeerblatt
4 Wacholderbeeren
1 TL Pfefferkörner
1 TL Salz

Zubereitung

1. Karotten und Sellerie gut waschen und mit Schale in grobe Würfel schneiden.
2. Die Champignons mit einem feuchten Tuch abreiben und ebenfalls grob zerkleinern.
3. Die Zwiebeln mit der Schale halbieren und die Schnittflächen in Öl dunkelbraun anbraten.
4. Karotten, Sellerie, Champignons und Knoblauch dazugeben und mit Wasser aufgießen.
5. Petersilie, Lorbeerblatt, Wacholderbeeren, Pfefferkörner und Salz zufügen.
6. Alles mindestens 2 Stunden langsam köcheln lassen.
7. Die Gemüsebrühe durch ein feines Tuch seihen.

glutenfrei

vegan

60 Minuten

2 Portionen

Vegane Bolognese

Ich bin schon länger dabei, eine Bolognese zu kreieren, die dem Original mit Fleisch in nichts nachsteht. Wie bei anderen Rezepten habe ich aber erst jetzt verstanden, dass nicht das Fleisch den guten Geschmack bringt, sondern die Gewürze. Ich liebe diese vegane Variante und vermisse das Original kein bisschen.

Zutaten

2 Karotten, in kleine Würfel geschnitten
½ Knollensellerie, in kleine Würfel geschnitten
1 Zwiebel, fein geschnitten
1 Knoblauchzehe, gehackt
2 EL Öl zum Anbraten
150 g Sonnenblumenkerne
1 EL Tomatenmark
50 ml Rotwein
400 g Tomaten, gehäutet und in Würfel geschnitten
300 ml Wasser oder Gemüsebrühe
1 Rosmarinzweig, fein gehackt
Pfeffer
Salz

Zubereitung

1. Karotten, Sellerie, Zwiebeln und Knoblauch in Öl anschwitzen.
2. Die Sonnenblumenkerne dazugeben und kurz mitdünsten lassen.
3. Tomatenmark zufügen, kurz anrösten und mit Rotwein ablöschen.
4. Tomaten und Gemüsebrühe zugeben und alles etwa 45 Minuten leicht köcheln lassen.
5. Mit Rosmarin, Knoblauch, Salz und Pfeffer würzen.

glutenfrei

vegan

50 Minuten

2 Portionen

Tomatensauce

Diese Grundsauce verwende ich regelmäßig, sie kommt in zahlreichen Rezepten vor.

Zutaten

500 g Tomaten
1 Zwiebel, fein geschnitten
1 kleine Knoblauchzehe, fein gehackt
2 EL Öl zum Anbraten
Salz
Pfeffer
3 Basilikumblätter, fein geschnitten

Zubereitung

1. Die Tomaten am Stielansatz kreuzweise einritzen und kurz in kochendes Wasser tauchen. Herausnehmen und in Eiswasser abschrecken. Die Haut abziehen und das Fruchtfleisch in Würfel schneiden.
2. Zwiebel- und Knoblauchwürfel in Öl farblos anschwitzen.
3. Die Tomaten dazugeben, salzen, pfeffern und etwa 30 Minuten leicht köcheln lassen.
4. Alles durch die Handpassiermaschine (Flotte Lotte) drehen und die Sauce mit Basilikum würzen.

glutenfrei

vegan

10 Minuten
+ Einweichzeit

2 Portionen

Steinpilzsauce

Diese Sauce passt hervorragend zu Schupfnudeln (siehe S. 77). Du kannst sie aber auch zu anderen Gerichten servieren.

Zutaten

50 g getrocknete Steinpilze
1 Zwiebel, fein geschnitten
1 Knoblauchzehe, gehackt
2 EL Öl zum Anbraten
100 ml pflanzliche Sahne
Salz
Pfeffer
Rosmarin

Zubereitung

1. Die eingeweichten Steinpilze abgießen und das Einweichwasser auffangen. Die Pilze gut ausdrücken und klein schneiden.
2. Das Einweichwasser aufkochen und auf die Hälfte reduzieren.
3. Zwiebel- und Knoblauchwürfel in Öl farblos anschwitzen, die Steinpilze dazugeben und mit dem Einweichwasser aufgießen.
4. Die pflanzliche Sahne zufügen und etwas köcheln lassen. Mit Salz, Pfeffer, und Rosmarin würzen.